Schemann
Münster – noch tofter als jovel

Wolfgang Schemann

Münster –
noch tofter als jovel

Ein Stadtführer für Masemattenfreier

Bildnachweis

Matthias Ahlke (Seite 12)
Presseamt Stadt Münster / Bernhard Fischer (Seite 73)
Angelika Klauser (Seite 33, 55), MünsterView (Seite 103)
Wolfgang Schemann (Seite 23, 42, 46, 84, 88)

6. Auflage 2022

© 2022 Aschendorff Verlag GmbH & Co. KG, Münster
Das Werk ist urheberrechtlich geschützt. Die dadurch begründeten Rechte, insbesondere die der Übersetzung, des Nachdrucks, der Entnahme von Abbildungen, der Funksendung, der Wiedergabe auf fotomechanischem oder ähnlichem Wege und der Speicherung in Datenverarbeitungsanlagen bleiben, auch bei nur auszugsweiser Verwertung, vorbehalten. Die Vergütungsansprüche des § 54 Abs. 2 UrhG werden durch die Verwertungsgesellschaft Wort wahrgenommen.
Printed in Germany

Gedruckt auf säurefreiem, alterungsbeständigem Papier ⊗
ISBN 978-3-402-13076-6

Inhalt

Vorweg
  Geheimsprache mit Spaßfaktor 9
Aasee
  Ein meschugger Vogel 11
Anreise
  Tralli, Wuddi oder Leeze? 13
Ausflüge
  Mit dem Trampeljöner nach Kotenbeis 15
Auszeichnungen
  Noch tofter als jovel 17
Burg Hülshoff
  Vom Pani eingelullt 19
Cavete
  Die Bösch-plete-Pinte 21
Dom
  Tiftel mit Riesen-Osnik 24
Fahrräder
  Zwei Leezen pro Schero 26
Gastronomie
  Achilen und Schickern 28
Geschichte
  Warum Münster sich nicht Gallabis schmust 30
Goldener Hahn
  Baschlo zum Bechern 32
Guter Montag
  Schickern statt Schanägeln 34
Hafen
  Neues Ponum an der Öle 36

Halle Münsterland
    Platz für mehrere Käffer 38
Hochschulen
    Pauken und Büffeln 39
Jovel
    Eine hamel jovle Idee 41
Karneval
    Narren und Nerbelofreier 43
Kiepenkerl
    Der Seeger im blauen Kaftan 45
Kirchen
    Maimel, Glocken und Tifteln 47
Klein-Muffi
    Mief, Muff oder Moffen? 48
Kramermahl
    Nobel-Achile im Ratbeis 50
Kuhviertel
    Ne Plotte in der Feme 52
Kultur-Klo
    Schontebeis mit Kronleuchter 54
Lamberti-Kirche
    Tiftel mit Türmer(in) 56
Landesmuseum
    Rundschemm und Durchschemm 57
Ludgeri-Kreisel
    Der Knäbbel und die Kaline 59
Ludgeristraße
    Die Meistbeschemmte 61
Markt
    Die Hachos aus dem Münsterland 62
Masematte
    Die Jontef-Rakawele 64
Mühlenhof
    Wie die Knäbbels schanägelt haben 66

Münsteraner
   Erst 'nen Sack Salz frengeln? 68
Papst
   Der ins Himmelreich schemmte 70
Picasso-Museum
   Macker, Maler und Macho 72
Pinkus Müller
   Die Funzel ausgemaimelt 74
Pluggendorf
   Millionenviertel mit Malochern 76
Preußen Münster
   1963 mucker mitgeflemmt 77
Prinzipalmarkt
   Nobelstrehle 79
Promenade
   Nur mit Leezen und Masimen 81
Radstation
   Wo die Leezen pennen 83
Rathaus
   Das Beis, wo der Rat labert 85
Rickey-Plastik
   Viel Moos für einen Miefquirl 87
Rüschhaus
   Wo Annette poofte und malochte 89
Salzstraße
   Mit Mispel und Museum 91
Schloss
   Barockes Nobelbeis 93
Send
   Nen Heiermann für Trallafitti 95
Skulptur
   Figinenköster in Aktion 97
Sonnenstraße
   Sonnige Nabbelanims 99

Theater
　Figine mit vielen Funzeln 100
Türmer
　Der oberste Malocher der Stadt 102
Zoo
　Vom Keilof-Rennen zur Elefanten-Plümpse 104
Glossar
　Von abmeiern bis Zossen 106

VORWEG

Geheimsprache mit Spaßfaktor

Die Kaline päst mit der Leeze durch den Maimel. Diesen Satz („Die Frau fährt mit dem Fahrrad durch den Regen") verstehen fast alle Münsteraner. Aber das war nicht immer so. Denn die Masematte – in der es Kalinen, Leezen und Maimel gibt – war so etwas wie eine Geheimsprache.

Die Masematte, im 19. Jahrhundert aus etlichen anderen Sprachen (Rotwelsch, Jiddisch, Romani etc.) zusammengemixt, wurde nur in bestimmten Kreisen gesprochen. Als „Erfinder" und klassische Nutzer gelten mobile Händler und Hausierer, Schausteller sowie Vieh- und Pferdehändler. Sinn und Zweck der Geheimsprache: Man wollte sich in Gegenwart von anderen verständigen, ohne verstanden zu werden. So lässt sich gut vorstellen, wie ein Pferdehändler auf dem Viehmarkt seinem Kumpanen zuraunte: „Die Kaline hegt keine Zerche von Zossen, hat aber hamel Lowi auffe Patte." („Die Frau hat keine Ahnung von Pferden, aber viel Geld in der Tasche.")

Dementsprechend wurde die Masematte auch nur in bestimmten Stadtvierteln gesprochen. Als „Hochburgen" galten Pluggendorf, Sonnenstraße, Kuhviertel und Klein-Muffi.

Im Zweiten Weltkrieg sind diese Strukturen allesamt zerstört worden. Trotzdem hat die Masematte überlebt. Allerdings fungiert sie seitdem nicht mehr als „Geheimsprache", sondern als „Freizeitsprache" – gesprochen und gepflegt von denen, die einfach Spaß an dieser „jovlen Rakawele" haben. Das geschieht vor allem an der Theke, im Freundeskreis oder im Karneval. Und ab und zu taucht auch mal eine Kolumne in der Lokalzeitung auf. Ein Novum in der Geschichte der Masematte, denn sie wurde ursprünglich nur gesprochen und nicht geschrieben. Jedenfalls gibt es kein schriftliches Zeugnis aus der Zeit vor dem Zweiten Weltkrieg. Und ein Stadtführer auf Masematte wäre damals undenkbar gewesen.

Das zur Einführung für die, die keine Zerche, pardon Ahnung von der Masematte haben. Alle anderen können auch auf Seite 64 dibbern, was mit der jovlen Rakawele ambach ist.

AASEE

Ein meschugger Vogel ...

Der Aasee, so rakawelen die alten Paohlbürger, ist Münsters „größte Pfütze". Ist natürlich Tinnef. Schließlich ist das Pani rund 40 Hektar groß. Und es reicht bis fast an die Innenstadt. Kannze jovel rumtippeln, dich im Sommer vom Lorenz bescheinen lassen oder auch mal nen End Bezinnum grillen. Außerdem kannze da segeln, paddeln oder mit dem Tretboot übers Pani päsen.

Ömmes, Tretboot. Das war auch mit im Spiel, als 2006 ein Anim aus Münster Furore machte: Petra. Petra war ein hamel meschugger Vogel. Ein Schwan. Ein schwatter Schwan. Genauer: ein schwattes Schwanen-Anim.

Und Petra hatte auf dem Aasee ein Techtelmechtel, das weltweit Schlagzeilen machte: Das Schwanen-Anim hatte sich nämlich in ein großes weißes Tretboot verknallt – eine Trampel-Pünte, die wie ein großer weißer Schwan ausrointe. Wer sich diese Pünte auslieh und damit übers Pani juckelte, der musste damit rechnen, dass er ein verknalltes schwarzes Schwanen-Anim im Schlepptau hatte ...

Und die Geschichte von der nerbelo Liebe ging um die Welt. Schreiberlinge und Fernseh-Seegers aus aller Welt teilachten nach Münster, um die schwatte Petra zu bekneistern. Und als Petra und ihr Plastik-Freier übers Pani in den Zoo schipperten, wo man für sie ein Winterbeis eingerichtet hatte, pästen 23 Medien hinterher.

Aber irgendwann böschte das Anim einfach plete. Erst vier Jahre später wurde Petra in Osnabrück gedibbert, wo sie in einer Vogel-Teewinde lebte – zusammen mit einem schwatten Schwanen-Schauter.

Massel-End also für das meschugge Vogel-Anim. Aber die schuckere Trampel-Pünte dümpelt seitdem wieder solo übers Pani …

Aasee: *Der Aasee, der eine Wasserfläche von rund 40 Hektar hat, reicht bis an die münsterische Innenstadt heran. Vor einigen Jahren war er Schauplatz einer Liebesgeschichte, die weltweit Schlagzeilen machte: Ein schwarzes Schwanen-Weibchen – von den Münsteranern „schwarze Petra" genannt – hatte sich in ein weißes, schwanenförmiges Tretboot verknallt und wich ihm zeitweise nicht von der Seite.*

Petra, das meschugge Vogel-Anim, und ihre Trampel-Pünte.

ANREISE

Tralli, Wuddi oder Leeze?

Wennze nach Münster willst, kannze dir aussuchen, womit du päsen willst. Die Stadt ist über Land, aus der Luft und aufm Pani gut zu erreichen:

Tralli: Mit dem Tralli kannze aus allen Richtungen jovel nach Münster juckeln. Vom Scharett, der gerade hamel aufgemöbelt wurde, schemmt man in ein paar Minuten zum Dom, zum Ratbeis und zu den Bickstrehlen.

Wuddi: Mit dem Wuddi päst man am besten über die Tacko-Strehlen A 1 oder A 43 nach Münster. In der Innenstadt gibt's an mehreren Strehlen ein Wuddi-Beis – und ein Parkleitsystem, also so Kneisterkästen, an denen man roinen kann, wo noch Plätze frei sind.

Pünte: Natürlich kannze Münster auch aufm Pani erreichen, also mit der Pünte nach Münster dümpeln. Dafür ham die extra die Öle gebaut.

Luftwuddi: Als die Seegers die Masematte ausbaldowerten, war noch laulone mit Luftwuddis. Aber heute kannze auch damit nach Münster päsen. Runter (und rauf) kommze am Flugplatz bei Greven, der sich Flattermann-Ort (FMO) schmust.

Leezen: Am besten juckelt man natürlich mit dem Knetemann nach Münster. Im Münsterland gibt's tofte Pättkes von Kaff zu Kaff. Und in Münster ham die Leezen sowieso Vorfahrt.

Anreise*: Münster ist zu Wasser, zu Lande und aus der Luft zu erreichen – also mit dem Schiff, mit dem Zug, mit dem Auto und mit dem Flugzeug. Und natürlich auch mit dem Fahrrad …*

AUSFLÜGE

Mit dem Trampeljöner nach Kotenbeis

Die Masematte ist eine Rakawele, die nur rakawelt wurde. Früher wäre kein Seeger auf die Idee gekommen, was aufzuschreiben. Die vermutlich erste Masematte-Fleppe ist Ende der 1940er Jahre entstanden – und beginnt so:

An einem Tag in meine Ferien, als ganz jovele Chamine war, schmuste meine Mama morgens zu mich: Heini, zieh dich die Sonntagskowe an, wir scheften nach die Knäbbels. Mein Kumpel Theo und meine kotene Schwester scheften auch mit. Wir pästen in den Hof und juckelten von hier mit Trampeljöner nach Kotenbeis.

Masemattenfreier heute haben es besser, für sie gibt's diese Fleppe – in der sie auch noch ein paar andere Ausflugsziele dibbern können:

Pani-Burg Hülshoff, wo Annette von Droste-Hülshoff als Koten rumgetippelt ist und wo jetzt ein Rakawelen-Beis entsteht (dibber Seite 19).

Haus Rüschhaus, wo Annette von Droste-Hülshoff später gepooft, malocht und gedichtet hat (dibber Seite 89).

Steiner See, ein Pani in Hiltrup, wo man hamel rumtippeln kann und wo nebenan auch eine Plümpse ist.

Wolbeck, wo man das Drosten-Beis findet – und den Tiergarten, in dem man jovel tippeln kann.

Und natürlich kannze auch nach Kotenbeis päsen, wo die Rieselfelder sind – eine Edel-Bendine für Tralli-Vögel und andere Flattermänner, die sich „Europareservat" schmust.

Ausflüge: *Am Rande der Stadt Münster gibt es etliche Ziele, die einen Ausflug lohnen – etwa die Burg Hülshoff, das Haus Rüschhaus, den Steiner See in Hiltrup sowie Wolbeck mit dem Drostenhof und dem Tiergarten.*

AUSZEICHNUNGEN

Noch tofter als jovel

Münster gilt als jovle Stadt. Und das nicht nur bei Münsteranern und Masemattenfreiern.

Manche hatten davon schon 1959 hamel Zerche, als es in Münster für Speismakeimer und Lapanenmalocher noch viel zu tun gab. Der Hegel, den sie Papa Heuss schmusten und der Bundespräsident war, hat den Leuten nämlich damals verknickert: Immer, wenn er durch eine jovele Stadt geschemmt sei, habe er davon gelabert, sie sei die zweitschönste in Deutschland, egal ob es nun Bamberg oder Bremen war. Dann wollten die Seegers und Kalinen natürlich wissen, welche denn die jovelste sei. Und dann habe er geschmergelt: Münster.

2004 kam es noch besser. In Niagara, der Stadt bei den hamelen Pani-Fällen, gewann Münster einen weltweiten Schönheitswettbewerb für Käffer und darf sich seitdem „lebenswerteste Stadt der Welt" schmusen. Die Seeger und Kalinen, die da das Sagen hatten, lobten vor allem die „nachhaltige" Mänglowierung und das „ressortübergreifende" Malochen in der Stadt. Mit diesem Titel machte Münster weltweit Furore, viele Seegers und Kalinen sind seitdem nach Münster geteilacht, um mal zu dibbern, was hier so jovel ist.

Münsteranern und Masemattenfreiern war freilich schon immer klar, dass die Masematten-Metropole die „lebenswerteste Stadt der Welt" ist. Für sie ist Münster noch tofter als jovel.

Auszeichnungen: *Münster gilt allgemein als schöne und sehenswerte Stadt. Im Jahre 2004 wurde das auch quasi-amtlich bestätigt: Beim LivCom-Award, einer Art Schönheitswettbewerb für Städte, der vom Umweltprogramm der Vereinten Nationen unterstützt wurde, errang Münster den Titel „Lebenswerteste Stadt der Welt".*

Burg Hülshoff

Vom Pani eingelullt

Im Westen von Münster, da wo der Lorenz abends abmeiert, steht mitten inne Bendine, anne Strehle von Roxel nach Havixbeck, ein altes Nobelbeis mit Pani drumherum – die Paniburg Hülshoff.

Und auf diesem Beis knispelte 1797 ein Anim erstmals die Funzeln dieser Welt, das später hamel berühmt wurde, weil es so jovel mitte Rakawele mänglowieren konnte: Annette von Droste-Hülshoff.

Eines der jovelsten Gedichte, die Annette makeimt hat, schmust von ihrem Beis und von der Bendine drumherum. Und wenn das Anim damals schon Masematte rakawelt hätte, dann hätte sie sicher so gedichtet:

Du Vaterbeis mit deinen Zacken,
Vom Pani stikum eingelullt,
Wo mich meines Lebens Macken
So oft gedellt und auch machullt –
Ihr breiten laubgewölbten Strehlen,
Die jung und jovel mich geseh'n
Wo ewig meine Rakawelen
Und meiner Mauken Spuren stehn.

Die Pani-Burg roint immer noch hamel jovel ausse Bendine. Obwohl musse hamel viel Lowi reinstecken, um das Backs zu erhalten. Darum gibt's jetzt eine Stiftung. Die soll die Pani-

Burg dauerhaft sichern – und zu einem „Literaturort", also einem Rakawelen-Beis, makeimen.

Wennze Jontef hast, kannze mittem Wuddi oder mitte Leeze nach Hülshoff juckeln. Kannze rumschemmen und im Museum mal kneistern, wo Annette früher rumgepäst ist. Und im Beis gibt's auch ne Kaschemme, wo man mal mit nem Schokelamai oder ner Lowine auf das „Vaterbeis mit seinen Zacken" anstoßen kann.

Burg Hülshoff: *Auf der Wasserburg Hülshoff, unmittelbar vor den Toren der Stadt Münster, wurde 1797 die Dichterin Annette von Droste-Hülshoff geboren. Inzwischen hat eine Stiftung das Anwesen übernommen, es soll zu einem „Literaturort" ausgebaut werden. Das Gedicht, das sich im oben stehenden Masematte-Text findet, liest sich im Original übrigens so:*

Du Vaterhaus mit deinen Türmen,
Vom stillen Weiher eingewiegt,
Wo ich in meines Lebens Stürmen
So oft erlegen und gesiegt,
Ihr breiten laubgewölbten Hallen,
Die jung und fröhlich mich gesehn,
Wo ewig meine Seufzer wallen
Und meines Fußes Spuren stehn.

CAVETE

Die Bösch-plete-Pinte

Im Kuhviertel gibt es eine Kaschemme, die hat einen Namen, der an einem solchen Beis beinahe nerbelo ausroint: Die Pinte schmust sich „Cavete". Das ist Latein – und heißt auf Masematte etwa so viel wie „Bösch plete!"

Wie die Kaschemme zu dem Namen kam? Das ist eine lange Geschichte. Sie begann 1958, als ein junger Seeger im „Semesterspiegel" – das war eine Fleppe, die die Studenten der Uni makeimten – unter der Überschrift „Cavete Münster" mächtig vom Leder zog. Wörtlich schmuste er: „Heute jährt sich das Semester, in dem ein unseliges Schicksal mich nach Münster verschlug, jener Enklave trister Langweiligkeit, wo ich seitdem zu leben gezwungen bin. Welch ein Los!" In Münster, nörgelte er weiter, sei nix ambach, kein Jontef, nix zum Schmergeln. Und ganz besonders schofel sei, dass es in ganz Münster keine einzige Studenten-Pinte gebe.

Ganz Deutschland schmergelte über Münster, denn hamel viele Fleppen berichteten über den stänkernden Studenten und den Stoof, den er entfachte. Und viele zitierten einen Schauter vom Verkehrsverein, der rakawelt hatte, früher habe man solchen Studenten einfach die Schmiege poliert.

Immerhin: Einige Studenten juckelten schließlich in andere Uni-Städte, um sich dort die Kaschemmen-Szene zu bedibbern. Und der Rektor, wie sich der Obermacker der Uni schmust, rückte sogar Knete raus – damit sie dort auch ein paar Lowinen schickern konnten.

Die Schicker-Tour hatte Erfolg: 1959 eröffneten zwei Studenten in der Kreuzstraße eine Kaschemme – das erste von Studenten für Studenten betriebene Lowinen-Beis in Deutschland. Sein Name: „Cavete". Der Name hat freilich keinen davon abgehalten, sich hier einen zu schnasseln. Ganz im Gegenteil, die Leute fanden die Cavete jovel. Und die Bösch-plete-Pinte gibt es heute noch.

Übrigens: Der Student, der damals so schofel genörgelt hat, ist später gerne nach Münster gejuckelt. Zwei seiner Kotens haben hier studiert und hatten dabei hamel Jontef, wie er rakawelte. Und heute, so schmuste er später, würde er auch gerne in Münster studieren. Ömmes: Jetzt gibt's ja auch die Cavete. Und genügend andere Studenten-Kneipen.

Cavete: 1958 erschien im „Semesterspiegel", der damaligen Studentenzeitschrift, eine Philippika der ganz besonderen Art: Unter dem Titel „Cavete Münster" beklagte ein Jura-Student die Tristesse der Westfalenmetropole im Allgemeinen und das Fehlen von Studentenkneipen im Besonderen. Zahlreiche deutsche Zeitungen von der Zeit bis zur Welt griffen das Thema begeistert auf und amüsierten sich in epischer Breite über die „Störung des Westfälischen Friedens". Ein Jahr später eröffneten Philosophie-Studenten in der Kreuzstraße Münsters erste Studentenkneipe. Ihr Name: „Cavete".

Die Cavete im Kuhviertel: Lowinen-Beis und Studenten-Pinte.

Dom

Tiftel mit Riesen-Osnik

Der Dom ist die größte Tiftel in der Bendine. Und der Ursprung der Stadt. Seegers, die hamel Zerche davon hegen, haben ausbaldowert, dass die Speismakeimer hier erstmals um 800 eine Tiftel gebaut haben. Das Backs, das man heute da dibbern kann, wurde im 13. Jahrhundert makeimt.

Kalli der Hamele – der sich erst König und dann Kaiser schmuste – hatte den Gallach Liudger nach Westfalen geschickt. Er sollte den Hegels und Anims hier was vonne Tiftel schmusen. Hat der auch gemacht. Und auf dem Horsteberg, nicht weit von dem Pani, was sich Aa schmust, hat er ein Beis und eine Tiftel gebaut. Aber die Lapanenmalocher und Speismakeimer, die er damals angeheuert hat, haben den Gallach wohl noch für einen Figinenköster gehalten. Jedenfalls haben die stikum für ihre heidnischen Macker noch „ein großes Opfer" mänglowiert – einen Zossen und einen Keilof mulo gemacht und inne Erde verbuddelt.

Im Dom kannze einen Riesen-Osnik dibbern, eine jahrhundertealte astronomische Uhr. Man schmust, die Stadt habe dem Feme-Malocher, der den Osnik damals ausbaldowert hat, anschließend die Döppen ausgestochen – damit er solch ein Wunderwerk nicht noch mal makeimen kann. Da habe er rakawelt, ob man nicht noch einmal mit ihm zu seinem Osnik schemmen könne – und dann habe er den mit einem Feme-Griff machulle gemacht. Keine Zerche, ob das stimmt. Aber als sicher gilt, dass die Wiedertäufer (dibber Seite 30) den Osnik mulo gemacht haben. Darum wurde im 16. Jahrhundert eine neue Uhr makeimt. Und die zeigt noch heute, was der Osnik schmust.

Im Krieg ging der Dom machulle. Und beim Wiederaufbau gab es hamel Stoof. Denn der Obergallach wollte das schuckere Westwerk nicht wieder aufbauen, sondern stattdessen eine Mauer mit runden Fineten. Wurde viel gelabert damals. Aber am Ende wurde doch die Fineten-Mauer makeimt. Und weil der Obergallach damals Keller hieß, hat der Volksmund das Ganze dann „Keller-Löcher" geschmust.

Vor der Tiftel findet regelmäßig ein Markt statt. Da kommen die Kneis und Knäbbels ausse ganze Bendine, um ihre Sore zu verscherbeln (dibber Seite 62).

Dom: *Der St.-Paulus-Dom ist eines der Wahrzeichen der Stadt Münster. Der erste Bau an dieser Stelle wurde von Liudger, dem ersten Bischof und Bistumsgründer, zu Beginn des 9. Jahrhundert errichtet. Der Grundstein für den heutigen Dom wurde in der ersten Hälfe des 13. Jahrhunderts gelegt. Das Gebäude wurde im Zweiten Weltkrieg schwer beschädigt, anschließend aber wieder aufgebaut – allerdings mit einigen Veränderungen. So wurde das spätgotische Westportal durch eine schlichte Sandsteinwand mit 16 kreisrunden Fenstern ersetzt. Zu den interessantesten Sehenswürdigkeiten im Inneren gehört die Astronomische Uhr, die um 1540 geschaffen wurde.*

Fahrräder

Zwei Leezen pro Schero

Münster ist Deutschlands Leezen-Metropole, schon mehrmals ist die Stadt deshalb von Leezen- und Wuddi-Clubs ausgezeichnet worden. Ömmes: Fast 40 Prozent des Verkehrs werden auf Münsters Strehlen mit dem Knetemann gemacht. Man schmust, es gäbe hier mehr als 500.000 Leezen – fast zwei pro Schero und Zinken.

In anderen Städten kannze vielleicht mit schummen Wuddis Eindruck machen. In Münster laulone. Ganz im Gegenteil. Hier gilt es als hamel schick, mit der Leeze durch die Stadt zu juckeln. So kannze sogar Seegers mit Business-Kowe und Kulturstrick dibbern, die aufm Knetemann zum Termin päsen. Auch der Oberbürgermeister oder der Mispel-Boss juckeln oft mit nem Trampeljöner zur Maloche.

Obwohl der Obermacker von der Mispel mit den Leezen auch hamel Brassel hat. Weil sie ihm regelmäßig die Krimi-Statistik vermasseln. Kannze dir ja denken: Wo es viele Leezen gibt, werden auch viele Leezen geschort. Und so ist Münster auch die Stadt mit dem größten Knetemann-Klau.

Aber Münster hat auch das größte Leezen-Beis: In der Radstation am Scharett kannze rund 3300 Knetemänner parken (dibber Seite 83).

Fahrräder: *In Münster gibt es nach offiziellen Schätzungen rund 500.000 Fahrräder – fast zwei pro Kopf und Nase. Und entsprechend groß ist die Bedeutung des Fahrrads im Stadtbild: 38 Prozent des innerstädtischen Verkehrs werden mit dem Rad bewältigt – das auch im offiziellen Sprachgebrauch oft als Leeze bezeichnet wird.*

GASTRONOMIE

Achilen und Schickern

Wennze nach Münster kommst, brauchste keine More zu haben, dasse nicht genug zu achilen oder picheln kriegst. Es gibt hier jede Menge tofte Kaschemmen – von der koten Pinte übers jovele Schickerbeis bis zum noblen Achileschuppen.

Früher haben die Münsteraner hamel viel Lowinen gebechert – und gebraut. In der Stadt gab es rund 150 Lowinerien, heute gibt es nur noch eine – Pinkus Müller in der Kreuzstraße (dibber Seite 74).

Und die Münsteraner legten hamel Wert darauf, dass sie ihre Lowine auch in Ruhe bechern konnten – deshalb kam es 1895 zum „Münsterischen Bierkrieg", als die Obermacker der Stadt die Sperrstunde neu mänglowieren wollten. Wenn der Osnik 23 schmust, wäre dann laulone mit Lowine gewesen. Tagelang teilachten Bürger und Studenten nachts mit großen Finnen zum Prinzipalmarkt, dort wurde geschimpft, geschallert und geschickert. Die Mispel nahm mit der Plotte in der Feme die Rädelsführer fest – so viele, bis das Knast-Beis überfüllt war. Aber die Lowinen-Fans protestierten weiter. Bis Stadt und Mispel schließlich muckerten, dass sie verkimmelt hatten.

Wennze Roof hegst, kannze mal westfälische Spezialitäten frengeln. Beispielsweise ne westfälische Schinken-Knirfte mit Pumpernickel und Matrelen-Salat. Oder Grünkohl mit nem End Bezinnum. Oder Töttchen. Früher war das mal ne Achile für Leute, die klamm mit Lowi waren: mit Innereien von Pore und Schassor. Aber heute ist das ne hamel jovele Spezialität. Man könnte das auch toftes Ragout nennen, oder „Ragout fin", wie die Franzmänner schmusen.

Aber natürlich gibt's in Münster auch alles andere zu schnabulieren, was hamel und lecker ist.

Gastronomie: *In Münster gab es mal 150 Altbierbrauereien, heute existiert nur noch eine. Aber die Versorgung mit Bier sowie allen anderen Getränken und Genüssen ist weiterhin gesichert: Münster verfügt über eine vielfältige und einladende Gastronomie.*

GESCHICHTE

Warum Münster sich nicht Gallabis schmust ...

Münster hat irgendwann im sechsten Jahrhundert als kotenes sächsisches Kaff angefangen, das sich Mimigernaford schmuste. Es lag an der Aa, da wo das Pani manchmal so flach war, dass man durchschemmen konnte – irgendwo zwischen Dom und Transpanimurmelbeis.

793 ging's richtig los. Kalli der Hamele schickte den friesischen Gallach Liudger an die Aa, er sollte den Knäbbels hier verknickern, was ne Tiftel ist und wofür man die braucht. Liudger makeimte also ein Kloster, das die Lateiner monasterium schmusten – und das der Stadt später den Namen Münster gab. Hätten die Seegers damals statt Latein Masematte rakawelt, dann hätte das Kloster nicht monasterium, sondern Gallach-Beis geheißen – und Münster hieße heute nicht Münster, sondern vielleicht Gallabis ...

Münster hat sich dann hamel gemacht. Die Leute hier hatten hamel Zerche von Bicken und Verscherbeln, und mit der Hanse haben sie tofte Reibach gemacht. Am Prinzipalmarkt wurde ein schuckeres Beis neben dem anderen gebaut.

1534 wurde Münster sogar Königreich. König wurde ein Seeger, der sich Jan van Leiden schmuste. Er hatte zusammen mit anderen Figinenköstern ein Täuferreich ausbaldowert – und damit für hamel viel Bambonum gesorgt. Die Wiedertäufer führten auch die Multi-Kalinerei ein, jeder Seeger konnte mehrere Anims gasseln – und König Jan soll sich sogar 16 Ischen inne Poofe geholt haben. Aber das Königreich ging tacko machulle, der König und seine Obermacker landeten im Käfig.

Gut 100 Jahre später dibberte die Welt wieder nach Münster. Nach dem 30-jährigen Bambonum, bei dem Tausende machulle oder mulo gemacht wurden, trafen sich die Ober-Macker, um zu belabern, wie man Stoof und Randale beenden könnte. Nach jahrelangem Palaver wurde dann ausbaldowert, was sich heute „Westfälischer Frieden" schmust. Der Friedenssaal im Ratsbeis rakawelt noch heute davon.

Geschichte: Die Geschichte der Stadt Münster beginnt im Jahre 793 – als Karl der Große den friesischen Missionar Liudger nach Westfalen schickte. Er errichtete hier ein Kloster, ein Monasterium, das der Stadt schließlich auch ihren Namen gab. Weitere wichtige Stationen der Stadtgeschichte waren Hanse, die (Wieder-)Täuferherrschaft und der Westfälische Friedenskongress.

GOLDENER HAHN

Baschlo zum Bechern

Als Münster einst lange von schoflen Bunken belagert wurde, gab es in der Stadt laulone was zu frengeln. Da beschloss ein Rats-Macker, der hamel Roof hatte, seinen letzten Baschlo zu schechten. Aber er stellte sich so dusselig an, dass der Baschlo stiften ging und davonflatterte – direkt auf die Stadtmauer. Als die Bunken das dibberten, waren sie baff und rieben sie sich die Döppen. Sie hatten geglaubt, die Münsteraner hätten so viel Roof, dass sie bald verkimmelt hätten. Aber wenn die Flattermänner noch so rumflögen, so rakawelte einer, könne es mit dem Roof doch nicht so schlimm sein. Und so böschten die Bunken plete. Der Rats-Macker ließ daraufhin von einem Feme-Malocher einen Goldenen Baschlo makeimen, der noch heute zum Ratsschatz gehört.

Das schmust die Sage. Aber es ist laulone mit Beweisen. Als sicher gilt dagegen, dass der Rat den Baschlo im 17. Jahrhunderts gebickt hat.

Wenn man den Schero abnimmt, kannze aus dem Flattermann picheln. Und das wird auch hamel gemacht: Der Goldene Baschlo wird prominenten Seegers und Kalinen gereicht, wenn sie nach Münster kommen und im Ratbeis empfangen werden.

Der Obermacker der Stadt bechert übrigens nicht mit, wenn er den Baschlo kredenzt. Nur einmal musste ein Obermacker eine Ausnahme machen. Ein ausländischer Staatsgast, der wohl Muffensausen hatte, dass ihm was Schofeles serviert würde, gab das Gefäß schmergelnd zurück und schmuste: „Erst du."

Goldener Hahn: Als die Stadt einst belagert wurde und unter Hunger litt, entschloss sich ein Ratsherr, seinen letzten Hahn zu schlachten. Doch der entwischte ihm und flatterte über die Stadtmauer. Als das die Belagerer sahen, kamen sie zu dem Schluss, dass es in der Stadt doch noch genügend zu essen gebe – und zogen davon. Aus Dankbarkeit ließ der Ratsherr einen Goldenen Hahn gestalten. Das sagt die Überlieferung. Aber dafür gibt es keine Beweise. Als sicher gilt hingegen, dass der Rat den Goldenen Hahn im 17. Jahrhundert erworben hat. Heute dient er als Trinkgefäß, in dem prominenten Besuchern der sogenannte Ehrentrunk kredenzt wird.

Der Goldene Baschlo im Ratbeis.

GUTER MONTAG

Schickern statt Schanägeln ...

Alle drei Jahre feiern Münsters Karo-Makeimer den „jovlen Montag": Schickern und Schwofen statt Schanägeln. Der Kaiser selbst, so schmust man, habe den Semmel-Seegers diesen Tag geschenkt.

Und das kam so: Es waren ein paar muckere Karo-Makeimer aus Münster, die vor mehr als 300 Jennikes in Wien malochten. Damals lungerten die Türken vor Wien herum und überlegten, wie sie die Stadt erobern könnten. Schließlich baldowerten sie einen schoflen Plan aus: Sie buddelten einen unterirdischen Gang, durch den sie unter der Stadtmauer hindurchschemmen wollten. Aber die münsterischen Karo-Makeimer, die ja immer schon nachts malochten, hatten was gemuckert und schmusten das dem Obermacker der Wiener. So konnte Wien vor den Türken gerettet werden. Und der Kaiser fand das so jovel, dass er den Seegers aus Münster einen malochefreien Tag schenkte.

Der „jovle Montag" wird heute noch gefeiert. Mit einem hamel toften Programm. Dazu gehören ein Besuch beim Obergallach am Dom und beim Obermacker im Ratbeis, ein feierlicher Fahnenschlag und ein Schluck aus dem „Goldenen Baschlo" (dibber Seite 32). Außerdem feiern die Karo-Makeimer an diesem Tag ihr Schützenfest.

Übrigens: Die münsterischen Karo-Makeimer sind auch heute noch mucker. Wenn sie am jovelen Montag schickern und schwofen, muss kein Münsteraner auf sein Karo verzichten.

Guter Montag*: Alle drei Jahre feiern Münsters Bäcker und Konditoren den „Guten Montag". Der Legende nach geht er zurück auf das Jahr 1683, als die Türken Wien belagerten – und versuchten, mit Hilfe eines unterirdischen Ganges in die Stadt zu gelangen. Doch münsterische Bäckergesellen, die in Wien arbeiteten, hörten nachts verdächtige Geräusche und alarmierten den Stadtkommandanten. Und zum Dank, so heißt es, schenkte der Kaiser den Handwerkern einen arbeitsfreien Tag.*

HAFEN

Neues Ponum an der Öle

Münster hat nicht nur die Öle, wie sich die große Pani-Strehle hier schmust, sondern auch einen Hafen. Doch während die Öle gerade hamel ausgebaut wird, damit noch größere Pünten übers Pani juckeln können, ist im Hafen eher „mulo Plinte". Zumindest was die Pünten angeht. Es kommen immer weniger, und sie bringen nur noch Sore für Lapanenmalocher und Speismakeimer.

Deshalb hat der Hafen in den letzten Jennikes ein ganz neues Ponum bewircht. Auf der Nordseite, die sich jetzt „Kreativkai" schmust, wurden neue Backs gebaut, wo viele Schreibtisch-Malocher, Beis-Mänglowierer und andere kreative Scheros zugange sind. Außerdem gibt's da hamel viele Kaschemmen. So wurde der Hafen zu einer neuen Ausgehmeile, wo man jovel schickern oder achilen kann.

Für den Kai gibt's noch weitere Pläne. Da wo die alten Osmo-Kabachen standen, sollen neue Backs zum Poofen und Malochen entstehen, außerdem weitere Kaschemmen und ein Kotenbeis.

Auch auf der anderen Pani-Seite wird geplant und schanägelt. Die Stadtwerke, die Münster mit Pani und Chamine versorgen, haben da einen alten Speicher aufgemöbelt, in dem jetzt die Figinenköster vom Borchert-Theater auftreten. Nebenan sind weitere Backs makeimt worden. Und aus dem alten Hill-Speicher soll ein Kulturbeis werden, das sich B-Side schmust. Was schon jetzt klar ist: Auch diese Hafen-Seite wird ein ganz neues Ponum bewirchen.

Hafen: *Der Stadthafen befindet sich im Umbruch. Nachdem der Güterumschlag stark zurückgegangen war, ist auf der einen Seite der "Kreativkai" entstanden – mit vielen Büros und zahlreichen Gaststätten. Die andere Seite wird wohl eine ähnliche Entwicklung nehmen, erste Schritte sind gemacht. Die Stadtwerke haben einen alten Speicher umgebaut, der u.a. dem Borchert-Theater als neues Domizil dient. Außerdem sind bereits mehrere Neubauten entstanden.*

Halle Münsterland

Platz für mehrere Käffer

Die Halle Münsterland ist in Münster das größte Beis für Events – wie sich das heutzutage schmust, wenn irgendwo was ambach ist. In der größten Kabache ist Platz für mehrere Käffer oder eine ganze Kleinstadt – kannze bis zu 11.000 Seegers und Kalinen unterbringen.

Das Programm ist hamel jovel. Da kommen Jürgen Drews und Reinhard Mey, um zu schallern. Figinenköster von Dieter Nuhr über Paul Panzer bis Atze Schröder bringen die Fans zum Schmergeln, bis ihnen das Pani inne Döppen steht. Beim „Bullenball" wird geschickert, gefrengelt und geschwoft. Und natürlich kannze in der Halle auch Zossen dibbern – beim Reitturnier oder bei der Zossen-Figine, die sich „Apassionata" schmust.

Daneben gibt es viele Kongresse – bei denen Politiker, Schmarrer oder Ausbaldowerer belabern, was gerade ambach ist oder was sie gerade ausklamüsert haben.

Und natürlich Messen. Etwa die „Doglive" mit und für Keilofs, die „Hochzeitstage" für alle Seeger und Kalinen, die gasseln wollen, die „Antik", wo alte Klamotten verscherbelt werden, oder die „Teddybär Total", bei der man Schmusetiere bekneistern kann.

Halle Münsterland: Die Halle Münsterland ist eine große Mehrzweckhalle für Messen, Kongresse und Veranstaltungen aller Art. In der größten Halle ist Platz für bis zu 11.000 Menschen.

HOCHSCHULEN

Pauken und Büffeln

In Sachen Bildung und Ausbaldowerie ist Münster hamel jovel ambach. Denn Münster ist eine der größten Hochschul-Städte in Deutschland. Über 60.000 Anims und Seegers pauken und büffeln hier. Neben der Westfälischen Wilhelms-Universität, die sich neuerdings „WWU" schmust, und einigen Fachhochschulen gibt es sogar eine Extra-Hochschule für die Mispel.

In Münster kannze fast alles studieren, wenn der Schero mitmacht – vom Schmarrer bis zum Gallach, vom Pillen-Makeimer bis zum Beis-Mänglowierer. Nicht nur deshalb finden Studis Münster hamel jovel. Sondern auch, weil es hier viele Kaschemmen gibt, wo man sich mal einen schnasseln kann, wennze keinen Jontef auf Maloche hast.

Die Uni ist international, da kannze hamel viele Rakawelen hören. Und da wird auch mal über Masematte gelabert. Am Institut für Rakawelen-Zerche gab es sogar einen Schautermann, der zusammen mit einer Maloche-Gruppe ein Masematte-Wörterbuch makeimt hat.

Aber Masematte kannze anne WWU nicht studieren, diese jovle Rakawele nicht lernen. Schade. Wäre doch tofte, wenn die früher mal als Schmuddel-Rakawele verpönte Masematte ein bisschen Massel hätte. Und wenn es auch mal Seegers oder Kalinen gäb, die sich Dr. mas. mat. (Doktor der Masematte) oder Dr. jov. rak. (Doktor der jovlen Rakawele) schmusen ...

***Hochschulen**: Münster ist mit über 60.000 Studierenden einer der größten Hochschul-Standorte in Deutschland. Die Westfälische Wilhelms-Universität ist nicht nur die größte Hochschule in Münster, sondern gehört seit Jahren auch zu den „Top Five" in Deutschland.*

JOVEL

Eine jovle Idee

Einer, der schon früh gemuckert hat, wie tofte die Masematte ist, ist Steffi Stephan. Der Seeger war Bassist bei Udo Lindenberg, dem Schaller-Schauter mit dem Obermann und der zerknautschten Schmiege. Und er kam 1979 auf die Idee, einen eigenen Club zu eröffnen. Eine hamel jovle Idee. Und so schmust die Kaschemme sich seitdem auch: Jovel Music Hall – oder einfach „Jovel".

Das Jovel wurde 1979 in einem alten Kneister-Beis, dem Kino „Neuer Krug", und der benachbarten Kaschemme an der Weseler Straße eröffnet. Als das Backs 1987 platt gemacht wurde, zog Steffi in die Hallen der alten Germania-Lowinerie an der Grevener Staße.

2006 war auch hier Schicht, die Germania-Lowinerie wurde umgemodelt, die Music Hall abgerissen. Und es dauerte mehr als zwei Jahre, bis das Jovel eine neue Kabache gefunden hatte: Ende 2008 eröffnete Steffi Stephan zusammen mit seinem Koten, Marvin Lindenberg, im ehemaligen Opel-Beis am Albersloher Weg, direkt neben der Halle Münsterland. Wo früher schumme Wuddis standen, gibt es jetzt jovle Konzerte und Partys, Musik und Schwof – und Events, wie die Neudeutschen schmusen, wenn wo was ambach ist.

__Jovel Music Hall__: Das „Jovel" ist ein traditionsreicher Club. Steffi Stephan, auch als Bassist von Udo Lindenberg bekannt, hat ihn 1979 im „Neuen Krug" an der Weseler Straße gegründet.

Später war das „Jovel" lange in der Germania-Brauerei an der Grevener Straße, seit 2008 ist es im früheren Autohaus Opel-Kiffe am Albersloher Weg zu Hause.

Masematte als Markenartikel: das „Jovel" am Albersloher Weg.

KARNEVAL

Narren und Nerbelofreier

In Münster ist der Karneval nicht ganz so nerbelo wie in Köln, aber auch hier gibt es genug Nerbelofreier und Figinenköster, die in der fünften Jahreszeit mal hamel auf die Sahne dellen.

Es gibt jede Menge Vereine. Der älteste schmust sich Freudenthal, also Jontef-Kuhle, und wurde schon 1833 gegründet. Den Namen hat er von einem spanischen Seeger, der sich Graf Peneranda schmuste. Der war anno Tobak in Münster, als hier nach dem 30-jährigen Zoff über den Frieden gelabert wurde. Als man endlich fertig war, müssen sich die Seegers wohl hamel einen geschickert haben. Jedenfalls hat Peneranda da geschallert: „Ganz Münster ist ein Freudenthal."

Es gibt jede Menge Sitzungen – also solche Feten, bei denen viel geschallert wird oder ein Seeger in die Bütt steigt, einen Stussmann mimt und Nonsens labert, bis die Leute schmergeln und geiern. Oder Kostümbälle – also Feten mit Schwof, wo jeder solche Kowe trägt, dass keiner eine Zerche hegt, wer der andere ist.

Natürlich haben Münsters Karnevalisten auch einen Prinzen, also einen Seeger, der den Masselfreier mimt. Kannze leicht an seinem Glitzer-Kaftan erkennen – und dass er einen Obermann mit Wedel trägt.

Altweiberfastnacht machen vor allem die Anims Trallafitti. Wennze nicht mucker bist, kommen die und schnippeln dir mitte Plotte ein Stück vom Kulturstrick ab.

Bei der Schlüsselübergabe knöpft der Prinz dem Obermacker der Stadt die Macht ab – und verkasematuckelt den Narren dann, was er so makeimen will. Einer, der sich Prinz Ernst schmuste, hat übrigens 1985 verfügt, dass die Masematte im Ratbeis Amts-Rakawele wird und dass kurante Anims und tofte Seegers als Masematte-Pauker eingestellt werden. Aber der Aschermittwoch kam zu tacko – laulone mit Masematte.

Höhepunkt des Karnevals ist der Rosenmontagszug, bei dem schumme Jontef-Wuddis durch die Strehlen dümpeln und die Politik auf die Lapane nehmen. Außerdem maimelt es Konfetti und Kamellen.

Der Schlachtruf der Karnevalisten schmust sich übrigens „Helau!". Keine Zerche, wo der herkommt, aber man könnte meinen, da rakawelt einer, der inne Pinte steht und vom Kower eine Lowine haben will ohne zu schucken und deshalb schmust: „He, für lau!" Ömmes!

Karneval: Der Karneval hat in Münster eine lange Tradition, die 1833 gegründete KG Freudenthal ist die älteste Karnevalsgesellschaft in Münster (und nach eigener Überzeugung die zweitälteste in Deutschland). Höhepunkte der fünften Jahreszeit sind in Münster die Schlüsselübergabe und der Rosenmontagszug.

KIEPENKERL

Der Seeger im blauen Kaftan

Kiepenkerle – das waren früher die Seegers, die mit der Kiepe durch die Bendine teilachten. Sie verscherbelten in der Stadt, was die Knäbbels aufm Hoff makeimten – Gemüse und Matrelen, Jarikes und Kachelins, Bezinnum und Käse. Umgekehrt brachten sie Sore aus der Stadt zu den Knäbbels – und vor allem Klatsch und Tratsch.

Heute gibt's den Kiepenkerl nur noch als Traditionsseeger und Figinenköster – beispielsweise auf dem Mühlenhof (dibber Seite 66). Er trägt einen blauen Kaftan, eine schwatte Plinte, Holz-Masminen, eine Schanele – und natürlich die Kiepe. Und darin befindet sich heute oft ein Pilo, den der Seeger zur Begrüßung im Löffel oder im Pinneken ausschenkt.

Früher waren die Kiepenkerle hamel wichtig. Und die Stadt Münster hat ihnen deshalb ein Denkmal gesetzt, das 1896 am Spiekerhof makeimt wurde. Im Krieg galt der Seeger mit der Kiepe lange als Symbol der Standhaftigkeit, denn während die Backs rundherum alle kapores gingen, stand der Kiepenkerl immer noch mit seiner Schanele da. Am Ende ist aber auch er machulle gegangen. Doch schon 1953 haben die Münsteraner einen neuen Kiepen-Knilch bewircht, der von Papa Heuss – so schmuste sich der damalige Bundespräsident – eingeweiht wurde.

Übrigens: In Münster gibt es am Kiepenkerl auch zwei Kaschemmen, die den Namen des Traditionsseegers tragen. Und die ganze Bendine rund um den Kiepenkerl, mit den

Bickstrehlen Roggenmarkt, Bogenstrehle, Spiekerhof usw., schmust sich Kiepenkerl-Viertel.

Kiepenkerl: Kiepenkerle waren früher umherziehende Händler, die für den Waren- und Nachrichtenaustausch zwischen Stadt und Land sorgten. Heute sind sie vor allem als Traditionsfiguren gefragt. Die Stadt Münster hat dem Kiepenkerl ein Denkmal gesetzt, das seit 1896 am Spiekerhof steht und dem ganzen Einkaufsviertel seinen Namen gegeben hat.

Der Seeger mit der Kiepe, der am Spiekerhof steht.

Kirchen

Maimel, Glocken und Tifteln

Der Volksmund rakawelt über Münster: „Entweder es regnet oder die Glocken läuten. Wenn beides gleichzeitig passiert, ist Sonntag." Alles Tinnef. Wer so labert, hat keine Zerche. Denn in Münster regnet es nicht mehr als anderswo. Und eigentlich regnet es hier gar nicht – es maimelt höchstens mal ...

Ob in Münster häufiger die Glocken bimmeln, hat noch keiner ausbaldowert. Aber das ist schon möglich. Immerhin gibt es hier hamel viele Tifteln. Schließlich ist Münster seit mehr als 1200 Jahren Bistum, seitdem gibt es hier einen Obergallach, der sich Bischof schmust.

Die Haupttiftel ist der Dom, wo der Obergallach makeimt. Aber nur ein paar Schritte weit entfernt gibt es noch andere tofte Tifteln – beispielsweise St. Lamberti (dibber Seite 56), die sich Stadt- und Markttiftel schmust, weil sie von den Bürgern beschuckt wurde, und die Clemenskirche, die von dem barocken Beis-Mänglowierer Jans-Conny Schlaun makeimt wurde, oder St. Petri, die als Tiftel für eine alte Penne und die Uni dient, und das Transpanimurmelbeis, das so heißt, weil es auf der anderen Seite des Panis steht, das sich Aa schmust.

Kirchen: Das Bild der münsterischen Innenstadt wird von zahlreichen Kirchen mitgeprägt. Neben dem St.-Paulus-Dom sind das unter anderem die Stadt- und Markt-Kirche St. Lamberti, die Clemenskirche, die Petrikirche sowie die Liebfrauen- oder Überwasser-Kirche an der Aa.

KLEIN-MUFFI

Mief, Muff oder Moffen?

Für Masemattenfreier ist Klein-Muffi eine der jovelsten Bendinen überhaupt, denn hier wurde früher wirklich Masematte rakawelt.

Klein-Muffi, das die Masemattenfreier auch mal Muffi oder Mochum schmusen, ist das Ker an der Herz-Jesu-Tiftel – vor allem die Bendine zwischen Wolbecker Strehle, Schillerstrehle und Öle. Entstanden ist es Ende des 19. Jahrhunderts, als die Öle makeimt wurde. Viele Pani-Malocher hatten sich hier eine Firche besorgt oder ein kotenes Beis bewircht. Allerdings hatte die Bendine damals nicht den besten Ruf, die Mispel hatte hamel Stress mit Schorbrüdern, Schickermännern und Nabbelschoren.

Warum sich die Bendine Klein-Muffi schmust?

Die einen labern, es habe hier früher immer gemufft und gemieft. Und überhaupt habe das Ker vielen Münsteranern gestunken. So wurde aus der müffelnden Siedlung schließlich Klein-Muffi.

Die anderen labern, das komme von den Holländern. Als die Öle gebaut wurde, schemmten viele Holländer nach Münster, weil sie hamel Zerche von der Pani-Maloche hatten. Damals schmusten die Holländer die Deutschen gerne Moffen – und irgendwann haben die Münsteraner den Spieß wohl umgedreht. Nach dem Motto „Selber Moffen." Oder Muffen. Und die Ecke, wo die Holländer pooften, wurde „Klein-Muffi".

Heute gibt's in Klein-Muffi keinen Muff und Mief mehr. Aber wennze Massel hast, kannze hier inne Bendine – oder in der einen oder anderen Kaschemme – immer noch ein bisschen Masematte hören.

Klein-Muffi: *Das Herz-Jesu-Viertel an der Wolbecker Straße wird nicht nur von Masematte-Freunden gerne als „Klein-Muffi" bezeichnet. Über die Herkunft des Namens gibt es unterschiedliche Ansichten. Unstrittig ist aber, dass in diesem Viertel früher wirklich Masematte gesprochen wurde.*

KRAMERMAHL

Nobel-Achile im Ratbeis

Das Kramermahl ist ein Frengel-Fest – eine Nobel-Achile, die einmal im Jahr im Ratbeis stattfindet. Dazu lädt der Verein der Masemattenfreier ein – ein Verein, der sich unter anderem die Förderung der Stadt und der Masematten (nicht der Rakawele, sondern der Maloche) auf die Fahnen geschrieben hat. Zum Spachteln kommen wichtige Seegers und Kalinen aus der Bendine – und ein Ehrengast, der vor der Achile eine Rakawele hält. Unter anderem waren schon die Berliner Chef-Kaline Angela Merkel da und ihr Moneten-Macker Wolfgang Schäuble, außerdem Ex-Tralli-Boss Hartmut Mehdorn, der frühere Wuddi-Wendelin Wiedeking und der Balachesen-Spezi Peer Steinbrück.

Die Achile selbst ist eher einfach. Erst gibt's ne Knirfte mit Schinken, dann Grünkohl mit Matrelen und Bezinnum, danach Stippmilch mit Pumpernickel. Und zum Schluss, so schmust es die Tradition, wird eine Schanele gequarzt.

Und eines Tages passierte dann das: Ein Seeger, der sonst wohl nicht quarzt und deshalb keine Zerche vom Quarzen hegt, wollte sich eine Schanele gönnen. Aber weil er schon ein paar Becher Rotwein geschickert hatte und weil er außerdem gerade mit anderen hamel am Labern war, war er nicht ganz mucker bei der Sache – und packte mit der Feme nicht in den Pott mit Tabak, sondern in die Schale mit den Pumpernickel-Bröseln, die eigentlich für die Stippmilch bestimmt waren. Und so stopfte sich der Seeger die Karo-Brösel in die Schanele.

Ömmes, das hätte vielleicht einen Mief im Ratbeis gegeben – wenn nicht ein anderer Seeger die Pumpernickel-Piepe gedibbert und den Schwarzbrot-Quarzer gebremst hätte. Inzwischen ist allerdings im Ratbeis das Quarzen verboten. Keine Zichte, keine Fluppe, kein Böhm – und auch keine Schanele mehr. Jedenfalls nicht mit Tabak …

Kramermahl: *Der Verein der Kaufmannschaft zu Münster von 1835 lädt einmal im Jahr zum Kramermahl, das im Festsaal des Rathauses stattfindet. Dieses Festmahl knüpft an eine alte Hansetradition aus dem Mittelalter an, in seiner heutigen Form gibt es das Kramermahl seit 1956. Die Menüfolge ist seitdem nahezu unverändert: Schinken mit Landbrot, Grünkohl mit Mettendchen und Kartoffeln sowie Stippmilch mit Pumpernickel. Und anschließend wurde eine Pfeife geraucht – bis das Rauchverbot 2014 dieser Tradition ein Ende setzte.*

Kuhviertel

Ne Plotte in der Feme

Im Kuhviertel, das eigentlich Poren-Bendine heißen müsste, wurde früher besonders viel Masematte gelabert. Vielleicht wurde die Rakawele in diesem Ker, zwischen Schlossplatz und Transpanimurmelbeis, sogar ausbaldowert. Denn am Kalkmarkt gab es früher alle paar Wochen einen Schock, auf dem Kachelins und Schassörkes, Poren und Zossen vertickt wurden. Und die Beheime-Händler rakawelten besonders gern Masematte – so konnte man mal eben mit seinem Kumpan labern, ohne dass andere muckerten, was ambach ist.

Einige Strehlen des Kuhviertels galten früher als schofle Bendine: Tasche, Brink und Ribbergasse. Hier wohnten viele Leute, die klamm mit Lowi waren, die Backs waren alt und kapores, in den Strehlen dibberte man Schickermänner und Nabbelschoren. Und es gab hier auch Boofken, die schnell mal ne Plotte inne Feme hatten, wenn es Stoof gab. Deshalb rakawelte man in Münster: „Tasche, Brink und Ribbergasse – Messerstecher erster Klasse."

Während die Münsteraner früher hamel Muffe hatten, wenn sie ins Kuhviertel mussten – schemmen sie heute gerne durch die Strehlen. Denn im Kuhviertel gibt es viele jovle Kneipen und Kaschemmen. Tasche, Brink und Ribbergasse kannze heute allerdings nicht mehr dibbern: Sie sind im Krieg machulle gegangen und wurden nicht wieder aufgebaut – die Strehlen gibt es heute nicht mehr.

Kuhviertel: Das Kuhviertel gehört zu den Quartieren, in denen die Masematte früher zu Hause war. Vielleicht wurde sie sogar hier „erfunden", denn am Kalkmarkt gab es früher regelmäßig einen Viehmarkt – und die Viehhändler gehörten zu denen, die sich besonders gerne dieser Geheimsprache bedienten. Heute gehört das Kuhviertel dank seiner Kneipenvielfalt zu den Ausgehvierteln der Stadt.

KULTUR-KLO

Schontebeis mit Kronleuchter

Wennze in Münster mal muss, musse zum Domplatz schemmen: Wasse da zu dibbern kriegst, ist vielleicht nicht das schönste WC auffe Erde – aber sicher das jovelste öffentliche Schontebeis unter der Erde. Ein Luxus-Lokus mit Kulturmief ...

Früher war das WC am Domplatz genauso schofel und scheußlich wie alle Schonts in der Unterwelt. Aber ein Figinenköster aus Düsseldorf hat mit ein paar Lapanenmalochern und Speismakeimern das unterirdische Pissoir so aufgemotzt, dass es anschließend ausrointe wie ein Nobel-00 aus der Schöner-Wohnen-Fleppe, es duftete wie ein Anim nach dem Samstagsbad, und unter der Decke hing statt der Funzel ein Kronleuchter.

Wasse da unter der Erde zu kneistern kriegst, ist ganz große Klosett-Kunst. Denn das schicke Schontebeis wurde im Rahmen der „Skulptur 2007" makeimt. Das ist eine Kunst-Mänglowation, die alle zehn Jennikes ambach ist (dibber Seite 97).

Was daran Kunst ist? Die Frage wurde schon 2007 geklärt, als Tausende von Kultur-Touris zu dem Schontebeis runterschemmten. Ein Münsteraner verknickerte das so: Wennze da als Seeger so stehst und gerade am Pinkeln bist, und da kommen hinten so'n paar Kalinen rein, labern, gackern, schmergeln und fangen auch noch an zu knipsen – dann ist es schon hamel große Kunst, wennze dir nich auffe Masminen maimelst ...

Kannze nur in Münster dibbern: Schont mit Kronleuchter.

Kultur-Klo: *Das unterirdische öffentliche WC am Domplatz hinterlässt bei vielen Benutzern einen nachhaltigen Eindruck – denn statt der erwarteten Tristesse finden sie dort ein Nobel-00 mit schicker Badkeramik und Kronleuchter. Das Vorzeige-WC verdankt die Stadt dem Düsseldorfer Künstler Hans-Peter Feldmann, der dem stillen Örtchen im Rahmen der „Skulptur 2007" ein neues Outfit verpasst hat.*

Lamberti-Kirche

Tiftel mit Türmer(in)

Sankt Lamberti ist die münsterische Kaff- und Markttiftel. Masemattenfreier mit viel Lowi haben sie im 14. Jahrhundert beschollt – auch um dem Obergallach vom Dom mal zu zeigen, was ne Harke ist.

Die Tiftel, die am Prinzipalmarkt steht, gehört zu den schuckersten Backs in Münster. Und sie hat zwei Besonderheiten:

Da ist zum einen der Türmer, der abends trötet, was der Osnik schmust (dibber Seite 102). Wobei da jetzt erstmals seit dem Mittelalter eine Kaline als Türmerin malocht.

Und da sind zum anderen die Körbe, die oben am Turm hängen. Das sind die Wiedertäufer-Käfige. Die Wiedertäufer – das waren ein paar Figinenköster, die die ganze Stadt im 16. Jahrhundert kolone gemacht haben. Sie schmusten den Leuten was von einer neuen Tiftel, ernannten einen Seeger zum König und verknickerten den Münsteranern, dass jeder Schauter mehrere Schicksen haben sollte. Schließlich gab's ne große Dellerei, der König und seine Hegels wurden gechappt. Als sie mulo waren, wurden sie in den Käfigen am Tiftel-Turm aufgehängt – damit jeder dibbern konnte, was mit solchen Seegers passiert.

Lamberti-Kirche: Sankt Lamberti am Prinzipalmarkt ist die münsterische Stadt- und Marktkirche – einst von den Kaufleuten als Kontrapunkt zum Paulus-Dom gebaut bzw. finanziert. Neben der eindrucksvollen spätgotischen Architektur verfügt die Kirche über zwei Besonderheiten: eine Türmerin und drei Wiedertäufer-Käfige.

LANDESMUSEUM

Rundschemm und Durchschemm

Gegenüber dem Dom steht ein großes Beis. Das schmust sich „LWL-Museum für Kunst und Kultur". Keine Zerche, was LWL ist? Früher rakawelte man vom Landschaftsverband Westfalen-Lippe – bis ein Obermacker ausklamüsert hat, dass er „LWL" tofter fände. Der LWL kümmert sich unter anderem um Kultur – und schiebt viel Knete in Museen.

Ömmes: Das Museum am Domplatz hat vor einigen Jennikes ein neues Beis bekommen, für das der LWL rund 50 Millionen in die Feme genommen hat. In 51 Kabuffs kannze jetzt kneistern, was Seegers und Kalinen in den letzten 1000 Jennikes so alles makeimt haben – nicht nur Bilder und Figuren, sondern auch Schotter und Schapps, Püster und Plotten usw. Darunter vieles aus dem Mittelalter, als Münster noch ein kotenes Kaff war, aber auch Modernes – von einem Macker namens Macke bis hin zu dem, was Figinenköster heutzutage so ausklamüsern. Auch bei den Skulptur-Projekten (dibber Seite 97) haben die LWL-Hegels ihre Feme im Spiel.

Neu in der neuen LWL-Kulturkabache: Erstmals gibt's einen Rundschemm, der durch alle Kabuffs des Museums führt. Außerdem gibt's einen Durchschemm: Kannze vom Aegidiimarkt bis zum Dom durchtippeln – und zwischendurch in der Museumskaschemme auch noch einen Schokelamai bechern.

Landesmuseum: Das LWL-Museum für Kunst und Kultur, oft immer noch kurz „Landesmuseum" genannt, hat einen Neubau nach den Plänen des Berliner Architekten Volker Staab erhalten. Kosten: rund 50 Millionen Euro. Dort präsentiert das Museum jetzt „eine Zeitreise durch 1000 Jahre abendländischer Kunst- und Kulturgeschichte vom Mittelalter bis in unsere Gegenwart". Der Neubau ermöglicht erstmals einen Rundgang durch die komplette Ausstellung. Außerdem enthält er einen Durchgang vom Aegidiimarkt zum Domplatz, in dem auch die Gastronomie untergebracht ist.

Ludgeri-Kreisel

Der Knäbbel und die Kaline

Der Ludgeri-Platz ist Münsters ältester und größter Kreisverkehr. Aus sechs Strehlen päsen täglich rund 50.000 Wuddis und Leezen in den Kreisel – und da geht's zweispurig rund. Auswärtige Seegers oder Kalinen, die keine Zerche von diesem Kreisel hegen, werden da reineweg kolone – die dibbern vor lauter Wuddis, Knetemännern und Fußgängern die Strehle nicht mehr.

Noch schofeler ist es, wenn die Asse-Makeimer zugange sind. Wenn Deutschland bei der Flemm-WM gewinnt oder der Esszehpeh mal aufsteigt, ist am Ludgeri-Platz hamel Trallafitti. Wuddis juckeln laut hupend um den Kreisel. Fans setzen sich auf die Strehle, schallern und schickern. Und manche klettern auf den Zossen oder die Pore und schwenken die Fahne.

Zossen und Pore? Ja, auf dem Kreisel stehen auch ein Knäbbel mit Zossen und eine Kaline mit Pore. Die sind aus Bronze makeimt und wurden vor mehr als 100 Jennikes aufgestellt. Es sind ziemliche Kaventsmänner – und trotzdem schon mehrfach umgezogen. Lange standen sie mitten auf dem Kreisel, 1963 wurden sie vor das benachbarte Kreis-Beis gesetzt. Und 1987 wurden sie wieder in den Kreisel bugsiert.

Das war übrigens ein Kunststück. Ein Seeger aus der Schweiz hatte für die Skulpturen-Ausstellung (dibber Seite 97) die Idee ausklamüsert, man könnte den Bronze-Knäbbel und seine Knäbbeltrine wieder auf den Kreisel stellen. Er meinte, es sei doch nerbelo, neue Denkmäler zu makeimen, wenn die alten noch nicht mal richtig aufgestellt sind. Und seitdem stehen Zossen und Pore wieder im Kreisel …

Ludgeri-Kreisel: Der Ludgeriplatz ist Münsters ältester und größter Kreisverkehr und einer der wichtigsten Verkehrsknotenpunkte der Stadt. Er wird täglich im Schnitt von 38.000 Autos und 12.000 Fahrrädern befahren. Im Kreisverkehr stehen zwei Bronze-Skulpturen, die vor mehr als 100 Jahren von dem Bildhauer Karl Bernewitz geschaffen wurden: „Knecht mit Pferd" und „Magd mit Stier".

LUDGERISTRASSE

Die Meistbeschemmte

Die Ludgeristraße ist die meistbeschemmte Bickstrehle in Münster und eine der meistbeschemmten in ganz Deutschland. Hier tippeln bis zu 6.000 Seegers und Kalinen in einer Stunde vorbei. Und weil da, wo viele herumscherbeln, auch viel verscherbelt wird, musse hamel viel Lowi mitbringen, wennze hier einen Laden bewirchen willst.

Die Strehle reicht vom Ludgeriplatz (dibber Seite 59) bis zum Prinzipalmarkt, und zwischen dem Bickbeis auf der einen Seite und der Tackoachilkabache auf der anderen Seite gibt es viele Läden – vor allem für Kowe und Masminen.

Zwischendrin roint man die Münster-Arkaden – eine schuckere Bick-Passage, die bis zur Königsstraße und zum Picasso-Muscum (dibber Seite 72) führt. Dass die Arkaden sich Arkaden schmusen, finden manche übrigens hamel nerbelo, denn Arkaden sind eigentlich Rundbögen, aber hier dibbert man nur eckige Gänge. Weshalb man eigentlich von Münster-Kolonnaden rakawelen müsste …

Ludgeristraße: Die Ludgeristraße ist die meistfrequentierte Einkaufsstraße in Münster und eine der meistfrequentierten in Deutschland. Hier wurden bis zu 6.000 Fußgänger pro Stunde gezählt. Von hier aus wird auch die 2006 eröffnete Einkaufspassage „Münster-Arkaden" erschlossen, die bis zur Ecke Rothenburg/Königsstraße führt.

MARKT

Die Hachos aus dem Münsterland

Gleich dreimal in der Woche ist auf dem Domplatz Markt. Mittwochs und samstags schmust sich das Wochenmarkt. Und freitags ist Ökomarkt – da kommen nur die Bio-Knäbbels.

Vor allem der Wochenmarkt am Mittwoch und Samstag mit seinen weit über 100 Ständen ist roinenswert. Da juckeln die Hachos aus dem Münsterland an, um Obst, Gemüse und Matrelen zu verscherbeln. Karo-Makeimer sind natürlich auch da. Und der eine oder andere Katzow, bei dem man Kachelins oder Flattermänner, nen End Bezinnum und oder ne Macke vom Schassörken kindigen kann.

Auf dem Schock findet man aber nicht nur Achile, die hier aus der Bendine kommt. Da kannze auch allerhand Exotisches bicken, wasse mit dem Tralli oder mit dem Luftwuddi herangekarrt haben. Oder Lakritz von den Muffen.

Viele schemmen auch auf den Markt, um sich einen Schokelamai zu picheln. Oder um zu achilen. Da kriegste beispielsweise Erbensuppe mit Bezinnum oder Matrelen-Plätzchen mit Appelmus.

Ömmes, es macht echt hamel Jontef, über den Schock zu teilachen. Egal, ob man zum Dibbern, zum Bicken oder zum Schnabulieren kommt.

Markt: *Der Wochenmarkt auf dem Domplatz, der mittwochs und samstags stattfindet, ist eine echte Sehenswürdigkeit. Über 100 Stände offerieren Obst und Gemüse, Brot und Backwaren, Fisch und Fleisch – und auch für einen Kaffee oder einen Imbiss ist gesorgt. Außerdem findet hier jeden Freitag ein Öko-Markt statt.*

MASEMATTE

Die Jontef-Rakawele

Die Masematte ist eine Geheim-Rakawele. Sie wurde im 19. Jahrhundert von Seegers ausklamüsert, die miteinander labern wollten, ohne dass andere muckerten, was ambach ist. Etwa wenn der eine dem anderen aufm Zossen-Markt schmuste: „Die Kaline hegt keine Zerche von Zossen, hat aber hamel viel Lowi auffe Patte."

Rakawelt wurde die Masematte vor allem von Malochern, Hausierern und Schaustellern, von Beheime- und Zossen-Händlern – und insbesondere in vier Bendinen: in Klein-Muffi (dibber Seite 48), im Kuhviertel (dibber Seite 52), in Pluggendorf (dibber Seite 76) und an der Sonnenstraße (dibber Seite 99).

Im Krieg sind diese Strehlen und Strukturen alle machulle gegangen. Seitdem gibt es die Masematte nur noch als Jontef-Rakewele, die in der Kaschemme, im Karneval oder im Lokal-Blättken benutzt wird. Und neuerdings auch im Internet. Das hätten sich die alten Masemattenfreier sicher nicht träumen lassen, denn sie haben die Masematte nur rakawelt – Masematten-Fleppen wurden erst später makeimt.

Immerhin gibt es in Münster noch viele Seegers und Kalinen, die Jontef an der Masematte-Rakawele haben. Das hat dazu geführt, dass manche Masematte-Wörter heute auch in der Umgangssprache gelabert werden – jovel und schofel beispielsweise, Maimel oder Maloche und natürlich Leeze.

Masematte: *Alte Geheim- und Sondersprachen gab oder gibt es auch in anderen Städten. Aber die Masematte gibt es nur in Münster. Früher wurde sie nur in bestimmten Kreisen und Stadtvierteln (Klein-Muffi, Kuhviertel, Pluggendorf und Sonnenstraße) gesprochen. Inzwischen hat sie ihre ursprüngliche Funktion völlig verloren – wird aber weiterhin von vielen genutzt, die einfach Spaß daran haben.*

MÜHLENHOF

Wie die Knäbbels schanägelt haben

Wennze mal dibbern willst, wie Knäbbels früher gelebt und schanägelt haben, dann musse zum Mühlenhof schemmen. Neben der Bockwindmühle stehen da rund 30 Backs – vonne Karokabache bis zur Zossenmühle, vom Hachobeis bis zur Hoftiftel, von der Dorfkaschemme bis zur Masminenwerkstatt. Außerdem kannze ein Denkmal für den „Spökenkieker" kneistern: Das ist so'n Nerbelofreier, der die Kaffer kolone gelabert hat – und ihnen geschmust hat, was nächste Woche ambach ist.

Der Hegel, der das alles mänglowiert hat, heißt Theo Breider. Früher ist der mitte Leeze durch die Bendine gepäst und hat ausbaldowert, wo die Knäbbels noch so'n altes Beis rumstehen hatten. Dann hat er den Hacho belabert, tacko ein paar Lapanenmalocher angeheuert, das Beis abgebaut und die ganze Sore mit 'nem schummen Wuddi nach Münster gekarrt. Und so hat Theo Beis für Beis zusammengehügt und -geschnorrt, bis schließlich ein kotenes Kaff daraus wurde. Und ein Museum.

Theo Breider war ein Makeimer. Und er hatte keinen Bock, für jedes Backs noch ne Fleppe zu bewirchen. Auch das Herdfeuer im großen Hachobeis war noch nicht genehmigt – als eines Tages der Regierungspräsident, der auch Obermacker vonne Baumalocher-Zerche ist, mit einem Kumpan aus Muffen-Land über den Hof teilachte. Theo war gleich mucker und hat den Seeger belabert, ob er nicht mal Jack machen wollte. Der Regierungs-Macker schmergelte, fühlte sich gebauchpinselt und hatte gleich hamel Jontef. Also drückte Theo ihm 'nen Sticken inne Feme. Der Regierungs-Seeger machte damit den Jack an und laberte dazu noch ein bisschen Stuss – von wegen Flamme der Freundschaft und so. Und von da an hat Theo das Herdfeuer als genehmigt betrachtet ...

Mühlenhof: *Das Freilichtmuseum Mühlenhof am Aasee geht im Wesentlichen auf die Initiative des früheren Verkehrsdirektors Theo Breider zurück, der erst die Bockwindmühle und dann etliche andere historische Gebäude aus Westfalen und dem Emsland nach Münster geholt und hier wieder aufgebaut hat. Heute umfasst das Museum 30 Fachwerkgebäude vom Mühlenhaus bis zur Mäusepfeilerscheune, vom Göpel bis zum Gräftenhof, von der Dorfschmiede bis zur Dorfschenke, vom Backhaus bis zur Bleichhütte.*

MÜNSTERANER

Erst 'nen Sack Salz frengeln?

Die Kalinen und Seegers, die hier wohnen, schmusen sich Münsteraner – oder, wennze die Bendine drumherum mitzählst, Münsterländer oder Westfalen. Sie haben nicht überall den besten Ruf. Woanders schmust man, mit Westfalen musse erst nen Sack Salz frengeln, bevor du mit denen Jontef haben kannst. Oder: Wer die am Montag was fragt, bewircht am Mittwoch die Antwort.

Aber sowas können nur die rakawelen, die keine Zerche von den Münsteranern und den Masemattenfreiern hegen. Ist nämlich alles Tinnef. Die Leute hier sind nur nicht so tacko bei der Feme, wenn's um Freundschaft geht – sondern mucker: Erst mal dibbern, was der andere für ein Seeger ist.

Andererseits: Wennze mit den Münsterländern erst nen Sack Salz gefrengelt hast, kannze – wie man so schmust – mit denen auch Zossen schoren. Und andere rakawelen: Was die Rheinländer versprechen, halten die Westfalen. Oder, auf Masematte: Die Rheinländer labern, die Westfalen makeimen.

So schofel roint's mit den Münsteranern denn auch nicht aus: Es werden immer mehr. Münster gehört zu den wenigen Bendinen, die in den vergangenen Jennikes gewachsen sind und weiter wachsen. Mittlerweile leben, malochen und poofen in der Stadt mehr als 300.000 Koten, Kalinen und Seegers.

Münsteraner: *Der Volksmund sagt, mit den Münsteranern oder Westfalen müsse man erst einen Sack Salz essen, bevor man mit ihnen Freundschaft schließen kann. Aus der Sicht der Betroffenen ist das natürlich ein Vorurteil. Sie halten dem gerne entgegen, dass man vielleicht nicht so schnell Freundschaften schließe, dann aber besondere Treue an den Tag lege. Und trotz aller Vorurteile erfreuen sich die Münsteraner offenbar großer Beliebtheit: Es werden immer mehr. Münster gehört zu den wenigen Städten, die wachsen, mittlerweile zählt die Stadt über 300.000 Einwohner.*

PAPST

Der ins Himmelreich schemmte ...

Die Annette-Allee am Aasee ist eine hamel jovle Bendine. Da kannze so manches Beis dibbern, was tofte und jackes aussieht. Und an einem Beis könnte sogar ein Schild hängen, das uns schmust: „Hier pöhlte der Papst."

Joseph Ratzinger, der später Obergallach in Rom wurde und sich Benedikt XVI. schmuste, war nämlich mal Tiftel-Professor in Münster. Und hat damals an der Annette-Allee gewohnt. Eine Kaline, die auch in diesem Beis lebte, hat später rakawelt, dass der Professor im Sommer, wenn der Lorenz knallte, seine Vorlesungen schon mal im Garten gehalten hat. Und hinterher, so dibberte die Kaline schmergelnd, hat er mit den Studikern auch mal im Garten geflemmt. Dann pöhlte der Papst ...

Auch sonst war der spätere Obergallach offenbar nicht unsportlich. Wenn andere Beis-Bewohner morgens in den Wuddi stiegen, um zur Maloche zu juckeln, schwang sich Joseph Ratzinger auf seine Leeze und päste davon.

Die Mitbewohner im Beis hegten schon damals eine Zerche, dass Ratzinger ein ganz besonderer Seeger war. Und er hatte wohl damals schon einen chammen Draht nach „oben". Wenn das Anim, das ihm den Haushalt führte, mal nicht da war, so erinnerte sich die Kaline von der Annette-Allee schmergelnd, dann sei der Professor einfach eben rübergeschemmt „ins Himmelreich" und habe nen End Bezinnum gefrengelt. Wie der Professor das so tacko mänglowiert hat? Die Kaschemme „Zum Himmelreich" lag direkt gegenüber ...

Papst: *Joseph Ratzinger, der spätere Papst Benedikt XVI., war in den 1960er Jahren Theologie-Professor an der Universität Münster. Zeitweise hat er an der Annette-Allee gewohnt – wo er, wie sich eine Mitbewohnerin erinnerte, im Garten auch mal Vorlesungen hielt und hinterher mit den Studenten Fußball spielte.*

Picasso-Museum

Macker, Maler und Macho

Das Beis an der Königsstrehle, das sich Druffelscher Hof schmust, hat schon viel gedibbert: Paohlbürger, Penunzen und Picasso. Erst waren hier die Adel-Anims vom Stamme Druffel, dann die Penunzen der Sparkasse – und jetzt die Bilder von Picasso: Seit einigen Jennikes beherbergen der Hof und das Beis nebenan ein Picasso-Museum – das einzige in Deutschland.

Picasso war ein spanischer Figinenköster, ein Maler und Plastikmacker, der Tausende von Werken makeimt hat. Picasso war ein Macker, den man heute Macho schmust. Er hat mit vielen Anims geschäkert – und noch mehr gemalt. Aber weil die Kalinen auf seinen Bildern hamel meschugge ausse Kowe rointen, war er zunächst umstritten. Erst später wurde er weltberühmt. Heute musse für einen Picasso mehr schucken als ein normaler Malocher in seinem Leben bewircht.

Das Museum an der Königsstrehle verdankt die Stadt einem Hegel aus dem Münsterland, der hamel viele Picasso-Malochen gesammelt hatte. Gemeinsam mit drei Balachesen-Instituten stellte er das Museum auf die Zomen.

Für den Platz vor dem Museum hat die Stadt was Besonders ausbaldowert: Er wurde mit der Schmiege des Seegers gestaltet. Lapanenmalocher haben das Picasso-Ponum einfach ins Pflaster makeimt. Wennze über die Strehle schemmst, kannze das nicht richtig dibbern – aber wennze oben aus dem Beis durch eine Finete nach unten kneisterst, dann kannze das Ponum hamel roinen.

Picasso-Museum: *In zwei historischen Bauten an der Königsstraße, dem Druffelschen Hof und dem benachbarten Hensen-Bau, wurde im Jahre 2000 ein Picasso-Museum eröffnet, das bislang einzige in Deutschland. Es beherbergt fast das gesamte lithographische Schaffen des Spaniers, das der westfälische Sammler Gert Huizinga zusammengetragen hatte. Getragen wird das Kunstmuseum Pablo Picasso Münster, so der offizielle Name, von einer Stiftung, die von den Eheleuten Huizinga, den Sparkassen Westfalen-Lippe, der WestLB und den Westfälischen Provinzial-Versicherungen gegründet wurde.*

Das Picasso-Ponum auf der Strehle vor dem Museum.

Pinkus Müller

Die Funzel ausgemaimelt

Wennze mal hamel jovel auf Westfälisch schickern und achilen willst, musste zur Kreuzstraße schemmen. In der Kaschemme, die sich „Pinkus Müller" schmust, kannste Lowinen picheln, die im Beis nebenan gebraut wurden. Und Sachen spachteln, die du vielleicht noch nie gedibbert hast. Zum Beispiel „Pannekoken mit Pillewörmer".

Die Kaschemme gibt's schon seit fast 200 Jahren, seitdem verscherbeln die Müllers hier Lowinen. Aber den Namen „Pinkus Müller" hat die Pinte von Carl Müller, der erst 1899 geboren wurde. Er war in Münster nicht nur als Lowinen-Makeimer und Kower bekannt, sondern auch als Karnevalsprinz, Schallermann und Original.

Wieso sich die Pinte „Pinkus" schmust, wenn der Seeger doch Carl hieß? Das ist eine tofte Geschichte: Als Carl Müller noch zur Penne schemmte, hatte er mal zusammen mit zwei anderen Pennälern hamel gepichelt. Man rakawelt, die hätten gemeinsam einen „Bullenkopp" geschickert – also eine Finne mit sechs Litern Altbier. Hamel viel. Und so kam, was kommen musste: Als sie über die Promenade wieder nach Beis teilachten, mussten die Seegers miegen. So entstand ein Wettbewerb, wer es wohl schaffte, mit dem eigenen Pani eine Gaslatüchte auszulöschen. Und Carl hatte beim Pinkeln offenbar den Bogen raus, jedenfalls hat er die Funzel ausgemaimelt. Deshalb schmuste man ihn fortan Pinkulus oder Pinkus – und irgendwann die ganze Kneipe.

Pinkus Müller: *Die Altbierküche Pinkus Müller an der Kreuzstraße ist die letzte von einstmals rund 150 Altbierbrauereien und gilt heute als Inbegriff münsterischer Kneipenherrlichkeit. Ihren Namen verdankt sie der Überlieferung zufolge den speziellen Fähigkeiten des prominentesten Familienmitgliedes: Carl Müller, der in Münster auch als Sänger, Karnevalsprinz und Original bekannt wurde, hatte als Pennäler wohl den Bogen raus, wenn es darum ging, die Gaslaternen in der Promenade auszupinkeln. Und deshalb nannten seine Freunde ihn Pinkus ...*

Pluggendorf

Millionenviertel mit Malochern

Am Aasee, da wo „Pluggendorf" auf der Stadtfleppe steht, ist die Bendine, die die Masemattenfreier früher „Millionenviertel" schmusten: zwischen Aasee, Kolde-Ring und Weseler Strehle. Und hier wurde früher auch Masematte gelabert.

Warum die Bendine Pluggendorf heißt? Einige Paohlbürger meinen, das habe mit den Paöhlen zu tun, die man früher Pluggen schmuste. Und die waren nötig, wenn man hier ein Beis makeimen wollte. In der Bendine gab's wegen der Aa nämlich viel Pani, die Ecke war hamel sumpfig. Und deshalb wurden die Kabachen früher auf Paöhle gesetzt. Oder eben auf Pluggen.

Und warum die Masemattenfreier bei der Bendine vom Millionenviertel gelabert haben? Nicht wegen der vielen Paöhle. Laulone. Und auch nicht, weil hier etwa hamel viel Seegers mit hamel viel Lowi wohnten – denn Pluggendorf war, ganz im Gegenteil, eine Malocherecke. Nein, die Bendine schmuste sich Millionenviertel, weil hier früher so viele Kotens auffe Strehle rumpästen ...

Pluggendorf: Pluggendorf, früher eine „Hochburg" der Masematte, ist heute ein Wohnquartier, das sich wegen der Nähe zum Aasee und zur Innenstadt großer Beliebtheit erfreut. Seinen Namen hat das Viertel von den Pluggen (Pfählen), die früher nötig waren, um auf dem eher sumpfigen Untergrund Häuser zu bauen.

PREUSSEN MÜNSTER

1963 mucker mitgeflemmt ...

Wenn's ums Flemmen geht, labern alle nur von den Bayern – und die meisten hegen keine Zerche, dass die Preußen mal die besseren Asse-Makeimer hatten. Sicher, die Figinenköster vom FC Bayern München haben sich in den letzten Jahren den einen oder anderen Pott erkickt, aber wenn man's mal historisch bedibbert, hat der SC Preußen Münster den Zinken vorn. Denn 1963, als die Bundesliga ausbaldowert wurde, da hat der Esszehpeh schon mucker mitgeflemmt, während die bayrischen Asse-Makeimer noch auffe Kneisterer-Ränge hockten ...

Leider hat sich diese Rollen-Verteilung nicht erhalten. Während die Figinenköster aus Bayern immer mehr den internationalen Kick suchten, kickten die Preußen eher regional. Und zeitweise auch in der Regionalliga.

Wie das kommt? Keine Zerche. Aber ein Seeger, der bei den Preußen den Rasen makeimt und deshalb im Stadion das Gras wachsen hört, der soll mal geschmust haben, das wär alles Strategie, also Figinen-Maloche: „Mal ehrlich, was willze denn machen, wenn deine Asse-Makeimer schon alles gewonnen haben, was es zu gewinnen gibt? Da ist der Trainer doch ein ganz armes Schassörken – wie willze denn da die Motivation bewirchen?" Da seien die Preußen doch hamel mucker. Die hätten noch alle Ziele vor sich. Der Trainer hat freie Auswahl: Meisterschaft, Vereinspokal, Champions League – Triple, Quattel, Quintel ...

Im Übrigen wird in Münster immer wieder darüber gelabert, ob der Esszehpeh ein neues Stadion braucht, damit er tofter flemmen kann – oder ob er erst tofter flemmen muss, damit mehr Kneisterer kommen und er ein neues Stadion bewircht.

Wie dem auch sei: In einem Punkt sind die Preußen auf jeden Fall erstklassig – und dem FC Bayern München weit voraus: Im Stadion wird auch Masematte rakawelt. An den Schonts steht jedenfalls nicht der übliche Stuss – sondern „Seegers" und „Kalinen".

Preußen Münster: *Der SC Preußen Münster 06 gehörte zu den Gründungsmitgliedern der Fußball-Bundesliga. Derzeit ist der Verein zum Leidwesen vieler Münsteraner nicht erstklassig – aber er gilt nach wie vor als Marken-Artikel.*

PRINZIPALMARKT

Nobelstrehle

Der Prinzipalmarkt ist Münsters Nobelstrehle. Seit Jahrhunderten steht hier Beis an Beis – und auch das Ratbeis. Im Krieg sind fast alle Backs machulle gegangen. Aber die Seegers haben die Lapane in die Feme genommen, den Speismakeimer gemimt und alles fast genauso wieder aufgebaut, wie es vorher ausrointe. Andere, die das gedibbert haben, haben sich damals einen geschmergelt – und rakawelt, die Münsteraner seien nerbelo, das sei doch alles Fiole und Figine. Aber später haben sie dann muckern müssen, dass die Münsteraner hamel mucker waren.

Heute kommen die Seegers und Anims von überall angepäst, um den Prinzipalmarkt zu bekneistern. Die Rakawelen-Mänglowiererin Ricarda Huch schmuste ihn mal das jovelste Freilicht-Kabuff der Welt.

Und es kommen viele, um hier zu shoppen, wie sich das Bicken neuerdings schmust. Es soll sogar welche geben, die mit ihrem schummen Wuddi von Dusselkaff angepäst kommen, um hier für ihre Kalinen oder Koten Klamotten zu kindigen. Kannze aber auch alles bicken, vor allem Kowe – vonne Masminen über die Plinte bis zum Obermann.

Wenn der Lorenz scheint, kannze auch hamel draußen auffe Strehle sitzen, ne Lowine oder nen Schokelamai bechern – und den Prinzipalmarkt genießen, den die Münsteraner ihre „jovle Kabache" schmusen.

Prinzipalmarkt: *Der Prinzipalmarkt mit seinen Giebelhäusern und Bogengängen ist das unbestrittene Zentrum der Stadt. Er wurde im Zweiten Weltkrieg weitgehend zerstört, dann aber in Anlehnung an die alten Formen und Maßstäbe wieder aufgebaut. Die Münsteraner nennen ihn gerne ihre „gute Stube", die Schriftstellerin Ricarda Hoch nannte ihn den „schönsten Freilichtsaal" der Welt.*

PROMENADE

Nur mit Leezen und Masminen

Rund um Münsters Altstadt führte eine schuckere Strehle, die man nur mit Leezen und Masminen benutzen darf: die Promenade.

Früher war hier die Stadtbefestigung: eine Mauer, von Lapanenmalochern und Speismakeimern makeimt, davor nen Wall und hamel Pani – damit die Boofken und Bunken ausse Bendine nicht so einfach in das Kaff reinteilachen konnten. Später, als die Kanonen ausbaldowert wurden, mit denen man von außen über die Mauer Kugeln ins Kaff reinmaimeln konnte, half die Befestigung nicht mehr – darum wurde sie platt gemacht und bewirchte nach den Plänen des Beis-Mänglowierers Jans Conny Schlaun ein ganz neues Ponum: Bäume statt Backsteine. Seitdem schmust das Ganze sich Promenade. Ömmes.

In anderen Käffern sind aus den Befestigungsringen breite Strehlen geworden, auf denen schumme Wuddis um die Stadt päsen. In Münster ist laulone mit Wuddis. Auffe Promenade kannze nur mitte Leeze juckeln, man hat da bis zu 1750 Knetemänner pro Stunde gedibbert. Weshalb die Münsteraner die Promenade auch schon mal „Leezen-Autobahn" schmusen.

Außerdem ist die Promenade eine tofte Tippelstrehle – kannze mitten inne Stadt durchs Grüne schemmen und dir von außen die Altstadt bekneistern.

Promenade: Die alten Befestigungsanlagen der Stadt sind im 18. Jahrhundert zurückgebaut worden. An ihrer Stelle entstand nach den Plänen des Barockarchitekten Johann Conrad Schlaun eine Lindenallee, die die Innenstadt wie ein grüner Ring umschließt. Die gut 4,5 Kilometer lange Promenade, die für Kraftfahrzeuge gesperrt ist, ist ein wichtiger Verteilerring für den Fahrradverkehr. Auf den am stärksten frequentierten Abschnitten werden bis zu 1750 Fahrräder pro Stunde gezählt.

RADSTATION

Wo die Leezen pennen ...

In Münster gibt es hamel viele Leezen. Das macht den Obermackern im Ratbeis Jontef. Denn eine Leeze braucht viel weniger Platz als ein schummer Wuddi. Ömmes: Wenn viele mit der Leeze päsen, braucht man weniger Strehlen und weniger Wuddi-Beis.

So dachte man. Aber auch Leezen müssen irgendwo parken oder pennen. Und viele meinen, wenn sie schon auf den Knetemann steigen, könnten sie auch bis vor die Ladentür päsen. So kommt es, dass viele Plätze in der Stadt mit Leezen völlig zugestellt sind.

Besonders schofel war es am Scharett. Wohin man auch kneisterte – Leezen, Leezen, Leezen. Kein Durchkommen für Fußgänger und Wuddis. Da kam die rot-grüne Mischpoke, die damals im Ratbeis das Labern hatte, auf die Idee, ein Extra-Parkbeis für Leezen zu bauen. Viele haben rakawelt: Sind die denn nerbelo geworden? Wer will denn schon dafür beschucken, dass er seine Leeze abstellen kann?

Aber die rot-grüne Mischpoke ließ sich nicht beirren. Und so wurde vor dem Scharett ein Leezen-Beis gebaut – die größte Knetemann-Kabache in ganz Deutschland. Mit 3300 Plätzen.

Offiziell schmust sich das Beis am Scharett Radstation. Aber als die WN, die größte Tagesfleppe hier in der Bendine, mal einen Namenswettbewerb makeimte, war natürlich viel Masematte ambach: Leezenbeis und Leezenbahnhof, Leezenkabache und Leezenkabuff, Leezenloch und Leezentorte. Und einer hatte was ganz besonders Joveles ausklamüsert: Leezeum.

Übrigens: Die Leezen-Penne funktioniert. Sie ist fast immer voll. So voll, dass jetzt sogar eine zweite makeimt worden ist. Aber draußen muckerste nix davon: Die Strehlen und Plätze rund um den Scharett sind noch immer voller Leezen.

Radstation: *Die 1999 vor dem Hauptbahnhof eröffnete Radstation gilt als Deutschlands größtes Fahrradparkhaus. Sie verfügt über 3300 Stellplätze. Nicht genug: Weil rund um den Bahnhof noch immer Tausende von Fahrrädern Plätze und Bürgersteige blockierten, wurde auf der anderen Bahnhofs-Seite eine zweite Radstation mit mehr als 2000 Plätzen errichtet.*

*In der Radstation ist Platz für 3300 Leezen –
nicht genug, wie man hier dibbern kann.*

Rathaus

Das Beis, wo der Rat labert ...

Das Rathaus ist das jovelste Beis am Prinzipalmarkt. Es stammt aus dem 14. Jahrhundert und ist doch erst ein paar Jahrzehnte alt. Im Krieg ging das Backs nämlich machulle – und wurde dann wieder neu makeimt.

Bomben und Jack hatten das Ratbeis schon weitgehend zerstört, als am 28. Oktober 1944 auch noch der schuckere Giebel auf die Strehle kippte. Doch die Münsteraner spuckten in die Feme, holte die Lapane ausse Ecke und machten sich an die Maloche. Bereits 1948 war der Friedenssaal wieder fertig. Und zehn Jennikes später das ganze Ratbeis. Originalgetreu – so wie es vorher ausgeroint hatte.

Wennze ins Ratbeis reinschemmst, kommste erst in die große Bürgerhalle. Da kannze alte Riesen-Plempen und Ritter-Kowen bekneistern. Und in einer Ecke ist eine Theke, wo man Infos über die Stadt bewirchen kann.

Dahinter liegt der Friedenssaal, in dem nach dem 30-jährigen Bambonum ein Teil des Westfälischen Friedens beschworen wurde. Daran erinnert auch der Spruch über der Tür: „Pax optima rerum". Das ist Latein und bedeutet soviel wie „Frieden ist jovel" oder „Stoof ist schofel". In dem Kabuff hängen viele Bilder, sie zeigen das Ponum der Seegers, die damals den Frieden ausklamüsert haben. Und in einem Fineten-Schapp findet man einige Kuriositäten: eine verdorrte Feme, ein Goldener Baschlo (dibber seite 32) und eine Kalinen-Masmine. Sie soll Elisabeth Wantscherer gehört haben, einer der 16 Kalinen des Wiedertäufer-Königs Jan van Leiden. Aber die Kowen-Experten sagen, sie sei erst im 17. Jahrhundert makeimt worden – als das Anim längst mulo war.

Heute wird eher eine Etage höher Geschichte geschrieben. Im Nobel-Saal. Da tagt und labert der Rat der Stadt – also die Seeger und Kalinen, die entscheiden, ob der SC Preußen Knete für ne neue Kneister-Tribüne bewirkt, ob irgendwo nen neues Kotenbeis makeimt oder eine neue Strehle gebaut wird.

Rathaus: *Das Rathaus am Prinzipalmarkt gilt als Wahrzeichen der Stadt Münster – und als einer der schönsten Profanbauten der Gotik. Der Bau, der im Wesentlichen aus dem 14. Jahrhundert stammt, wurde im Zweiten Weltkrieg völlig zerstört. Am 28. Oktober 1944 kippte der eindrucksvolle Schaugiebel des ausgebrannten Gebäudes auf das Prinzipalmarkt-Pflaster. Doch schon kurz nach dem Krieg begannen die Münsteraner mit dem Wiederaufbau: Der Friedenssaal wurde bereits 1948 fertiggestellt, das Rathaus insgesamt 1958.*

Rickey-Plastik

Viel Moos für einen Miefquirl

Es steht in der Promenade, da wo die sich Engelenschanze schmust. Es roint aus wie ein Riesen-Miefquirl, ist aber ein Kunstwerk. Ein Ami-Macker namens George Rickey hat es ausbaldowert, und es schmust sich „Drei rotierende Quadrate". Aber als es aufgestellt werden sollte, rotierten erst mal die Seegers und Kalinen in Münster …

1974 hatte der Kultur-Hegel der Stadt rakawelt, Münster müsse auch mal ne „moderne Freiplastik" bewirchen. Und man wolle den Ami-Quirl für 130.000 Schleifen bicken. Aber viele Münsteraner fanden das nerbelo. Das sei doch alles Fiole, ob man die Leute durch den Kakao ziehen wolle, wie man denn dafür so viel Moos blechen könne. Und einer bot seine alte Antenne, künstlerisch vermackelt, für die Hälfte der Knete an …

Trotzdem drehte sich schon einige Tage später ein Miefquirl an der Promenade. Ein paar Seegers aus Angelmodde hatten in einer Kaschemme über das Ding gelabert – und beschlossen, selbst einen solchen Miefquirl zu makeimen. Die Feme-Malocher machten sich mit Rohren, Stangen, Holzplatten und Silberbronze an die Maloche – und rammten das Teil nachts in den Boden. Aber die Stadt kannte keinen Jontef und kassierte das Ding wieder ein.

Den echten Miefquirl von George Rickey hätten die Münsteraner vermutlich nie zu dibbern gekriegt, wenn nicht irgendwann ein Balachesen-Beis inne Patte gepackt hätte: Es gab der Stadt die Knete für das Kunststück. Heute findet keiner mehr den Quirl nerbelo, alle finden ihn jovel. Zumal er außerdem noch den Anstoß gab für eine Ausstellung von Kunst auf der Strehle, die alle zehn Jennikes unter dem Namen „Skulptur-Projekte" (dibber Seite 97) für Furore sorgt.

Rickey-Plastik: Als der städtische Kulturdezernent 1974 mitteilte, die Stadt wolle für 130.000 Mark eine Freiplastik des Amerikaners George Rickey („Drei rotierende Quadrate") kaufen, rotierten erst einmal die Münsteraner. Und das künstlerische Windspiel wäre vermutlich nie nach Münster gekommen, wenn sich damals nicht die Westdeutsche Landesbank entschlossen hätte, der Stadt die Skulptur zu schenken. Inzwischen sind die „drei rotierenden Quadrate" nicht nur zu einem vertrauten Teil des Stadtbildes geworden – sie lieferten auch die Initialzündung für die alle zehn Jahre stattfindende Ausstellung „Skulptur-Projekte".

Der Miefquirl, der Münster zum Rotieren brachte

RÜSCHHAUS

Wo Annette poofte und malochte

Haus Rüschhaus war mal ein Chalobeis wie viele andere. Würde heute vermutlich keiner von rakawelen, wenn nicht ein Seeger und ein Anim ihre Feme im Spiel gehabt hätten, die in Münster jeder kennt.

1745 kam nämlich Jans Conny Schlaun angeschemmt, ein hamel muckerer Beis-Mänglowierer. Und der hat für das Rüschhaus ein ganz neues Ponum ausbaldowert. Er hat mit Speismakeimern und Lapanenmalochern aus der alten Kabache ein jovles Barock-Beis gemacht – eine Mischung aus westfälischem Knäbbelbeis und französischem Adelbacks, wie uns die Seegers schmusen, die Zerche davon haben. Auch für die Bendine drumherum hat Schlaun was ausklamüsert. Im Garten kannze zum Beispiel vier Putten – das sind so schumme Koten aus Stein – bekneistern, die die Elemente Erde und Luft, Jack und Pani mimen.

1825 wurde das Backs verscherbelt. Und schon ein Jahr später zog ein Anim hier ein, das hamel jovel mitte Rakawele mänglowieren konnte. Annette von Droste-Hülshoff hat hier viele Jahre gelebt und gepooft. Sie schmuste damals, Rüschhaus sei ihre ihre Einsiedelei voll Frieden und Lorenz. Und das Kabuff, in dem sie malochte und ihre Gedichte makeimte, nannte sie ihr Schneckenbeisken.

Das Rüschhaus ist heute ein kotenes Museum. Da kannze kneistern, wo Annette malocht und gepooft hat – und wie ihr Schneckenbeisken ausrointe.

Rüschhaus: Der große westfälische Barockbaumeister Johann Conrad Schlaun hat im 18. Jahrhundert auf einer alten Hofstelle in Münster-Nienberge Haus Rüschhaus – eine gelungene Mischung aus Bauernhof und Herrenhaus – errichtet und zunächst auch bewohnt. Im 19. Jahrhundert lebte hier fast 20 Jahre lang die Dichterin Annette von Droste-Hülshoff. Sie nannte den Landsitz ihre Einsiedelei voll Frieden und Sonnenschein, und ihr Wohn- und Arbeitszimmer bezeichnete sie als „Schneckenhäuschen".

SALZSTRASSE

Mit Mispel und Museum

Die Salzstraße ist eine der ältesten Strehlen in Münster. Früher wurde hier vor allem Salz verscherbelt, weshalb sich die Strehle Salzstraße schmust. Heute musste hier nach Salz lange dibbern, dafür kannze fast alles andere kindigen – die Salzstraße ist eine der wichtigsten Bickstrehlen.

Die Salzstrehle reicht von der Lamberti-Tiftel (dibber Seite 56) bis zum Iduna-Hochbeis. Zwischendurch kannze den Erbdrostenhof kneistern – ein altes Adels-Backs, das der Beis-Mänglowierer Jans Conny Schlaun hamel mucker in eine Ecke von zwei Strehlen mänglowiert hat. Oder die „Heulende Kurve", die sich so schmust, weil es hier früher immer hamel gequietscht hat, wenn die Straßenbahn durch die Kurve gepäst ist. Und dann ist da noch die Dominikaner-Tiftel mit dem Dominikaner-Giebel – hinter dem sich die Mispel neuerdings ein schuckeres Beis gebaut hat.

An der Salzstrehle steht auch das Stadtmuseum, das in einem alten Bickbeis untergebracht ist. Da kannze kneistern, wie aus einem sächsischen Kaff an der Aa eine westfälische Großstadt geworden ist. Da kannze die Wiedertäufer-Käfige mal ganz aus der Nähe bedibbern, außerdem alte Püster und Plempen, eine Baller-Bude vom Send und einen Schokelamei-Schuppen von der Ludgeristrehle.

Salzstraße: Sie gilt als eine der ältesten Straßen der Stadt und ist heute eine der wichtigsten Einkaufsstraßen: Die Salzstraße, die sich vom Prinzipalmarkt bis zum Servatiiplatz erstreckt, kann darüber hinaus mit einigen Sehenswürdigkeiten aufwarten. Dazu gehören unter anderem der Erbdrostenhof, die Dominikanerkirche und das Stadtmuseum.

SCHLOSS

Barockes Nobelbeis

Das Schloss ist ein barocker Nobelschuppen. Jans Conny Schlaun, der hamele Beis-Mänglowierer, hat ihn ausbaldowert. 1767 sind die Speismakeimer und Lapanenmalocher angefangen – und sie haben 20 Jahre gebraucht, bis das Beis endlich fertig war. Aber da war Jans Conny Schlaun längst mulo. Und auch der Seeger, für den das Beis eigentlich gebaut worden war – der Obergallach Maximilian Friedrich.

Es hat dann wohl gar kein Gallach mehr in dem Beis gewohnt. Der erste, der da richtig eingezogen ist, malocht und auch gepooft hat, war 1802 ein Ober-Kommisskopp vonne Preußen – General von Blücher. Die Münsteraner hatten hamel Rochus auf ihn, weil er vonne Preußen kam. Aber er hat auch keinen Jontef an dem Beis gehabt, denn er hatte irgend wie Kniest mitte Anims und Seegers hier ausse Bendine. Einmal hat er rakawelt: „Münster und die Münsteraner gefallen mich nicht."

Im Krieg ist das Schloss machulle gegangen, der Jack hat es weitgehend zerstört. Aber mit Lapanenmalochern und Speismakeimern haben die Münsteraner das Nobelbacks wieder aufgebaut. Heute malocht in diesem Beis die Mänglowation der Universität.

Schloss: Das fürstbischöfliche Schloss ist eines der Hauptwerke des westfälischen Barockbaumeisters Johann Conrad Schlaun. Gebaut wurde es für den Fürstbischof Maximilian Friedrich von Königsegg-Rothenfels – der es aber nie bewohnt hat, weil er schon vor der Fertigstellung starb. Im Zweiten Weltkrieg wurde das Schloss weitgehend zerstört. Seit dem Wiederaufbau dient es als Sitz der Westfälischen Wilhelms-Universität.

SEND

Nen Heiermann für Trallafitti

Auf dem Platz vor dem Schloss, der sich früher Hindenburgplatz schmuste und heute Schlossplatz heißt, gibt's drei Mal im Jahr Trallafitti: Dann ist Send, wie die Münsteranern den Schock auch schmusen.

Send kommt von Synode. Wenn sich früher die Gallachs aus der Bendine in Münster trafen, schmuste sich das Synode. Und dabei gab es einen Schock, auf dem Sore aller Art verscherbelt wurde. Und der schmuste sich später Send.

Damit alle dibbern konnten, wann Schock war, wurde am Ratbeis die Sendplempe ausgestellt. Das geschieht noch heute. Allerdings wurde die alte Plempe 2000 geschort, so dass eine neue makeimt werden musste.

Heute dibbert man auf dem Schock vor allem große Juckel-Masematten. Da gibt es Auto-Scooter, in denen man mit nem kotenen Wuddi rumpäsen kann, den Achter-Tralli, in dem man mit Karacho rauf und runter juckelt, die Raupe, die immer im Kreis bescht, oder das Riesenrad, mit dem man den Schock auch mal von oben bekneistern kann.

Außerdem gibt es noch den Pottmarkt, auf dem man nicht nur Pötte, sondern auch viel anderes Gedöns bicken kann. Und natürlich kannste aufm Schock picheln und frengeln – auch Achile, die man sonst nicht so zu dibbern kriegt: Zuckerwatte zum Beispiel.

Ältere Münsteraner können noch rakawelen, wie das früher zuging, wenn man als Koten zum Schock wollte: Wenn's tofte lief, gab's von Mama nen Heiermann – und die Ermahnung, nicht alles Moos auszugeben, sondern auch noch was inne Spardose zu stecken. Wennze heute zum Schock schemmst und hast bloß nen Heiermann inne Patte, dann hasse allerdings hamel Malessen …

Send: *Dreimal im Jahr – im Frühjahr, im Sommer und im Herbst – ist der Schlossplatz Schauplatz für eine große Kirmes, die sich in Münster Send nennt. Auf dem rund 40.000 Quadratmeter großen Areal tummeln sich dann mehr als 200 Schausteller. Die Stadt geht davon aus, dass der Send Jahr für Jahr von mehr als einer Million Menschen besucht wird.*

SKULPTUR-PROJEKTE

Figinenköster in Aktion

Alle zehn Jahre schemmt die Kunst in Münster auf die Strehle: Dann werden bekannte Figinenköster eingeladen, ihre Ideen hier in der öffentlichen Bendine zu mänglowieren. Das Ganze schmust sich „Skulptur-Projekte" – und aus aller Welt kommen Tausende von Seegers und Anims, um zu dibbern, was diesmal ambach ist.

Bei der ersten Ausstellung 1977 hat ein Figinenköster mal gezeigt, wie es ausroint, wenn ein Riese in Münster Billard spielt: Die drei Kugeln – Assen aus Beton, die mehr als macker-hoch sind – liegen noch immer am Aasee. Ein anderer hat Kaventsmänner aus Stein neben die Petri-Tiftel bugsiert. Und 2007 hat ein Seeger aus nem schoflen Klo nen schuckeres WC-Kabinett makeimt (dibber Seite 54).

Aber nicht alle Mänglowiereien kannze heute noch dibbern, viele wurden nach Ende der Ausstellung wieder abgeräumt.

Einmal hat ein Seeger einen Leezen-Reifen um ne Latüchte gelegt. Aber nicht von oben, sondern von unten. Maschemau, die haben die Latüchte mit der Lapane ausbuddelt, hochgehoben, den Leezen-Reifen um den Funzelpfahl mänglowiert und dann die Latüchte wieder eingebuddelt. Hat aber nicht lange gehalten. Schon ein paar Tage später war der Reifen plete. Und niemand hat eine Zerche, ob ein Kunstbanause den Knetemann-Reifen mitte Plotte abgeschnippelt hat – oder ob womöglich die Macker von der Müllabfuhr …

Ein Figinenköster aus Korea hat bei den Knäbbels in Amerika alte schumme Wuddis gebickt. Die meisten hatten schon jahrelang bei irgendeinem Hacho aufm Hoff vor sich hingegammelt – wer durch die Fineten linste, konnte innen noch die Schonte vom Kachelin oder vom Keilof dibbern. Der Seeger hat diese Wuddis dann mitte Pünte übers große Pani bugsiert, silbern angestrichen und vor dem Schloss aufgestellt. Hamel nerbelo, oder? Aber rointe jovel aus.

Ein anderer hat nur einen Wuddi aufgestellt – einen alten Caravan, also so'n schummen Wuddi, wo man auch drin poofen und achilen kann. Der stand dann immer irgendwo auffe Strehle. Konnze natürlich nicht sofort dibbern, dass das Kunst sein soll. Und deshalb hat ein Seeger von der Mispel dem Wohn-Wuddi auch mal ein Knöllchen verpasst. Und ein anderer, schmust man, hat ihn auch mal abschleppen lassen …

Skulptur-Projekte: Seit 1977 findet alle zehn Jahre in Münster eine internationale Großausstellung unter dem Titel „Skulptur-Projekte" statt. Künstler und Künstlerinnen aus aller Welt werden eingeladen, an einem selbst gewählten Ort in der Stadt ein Kunstwerk zu realisieren. Da nach jeder Ausstellung einige Kunstwerke dauerhaft in der Stadt bleiben, gilt Münster mittlerweile als erste Adresse in Sachen „Kunst im öffentlichen Raum".

SONNENSTRASSE

Sonnige Nabbelanims

Die Sonnenstraße – und mit ihr die Ritterstraße und die Korduanenstraße – gehörte früher zu den Strehlen, auf denen Masematte rakawelt wurde. Und sie war womöglich eine der wenigen Bendinen, wo nicht nur Hegels in dieser Rakawele laberten, sondern auch Kalinen ...

Denn ihren Namen verdankt die Sonnenstraße wohl nicht dem Lorenz, sondern – so schmusen manche – einem Wort aus dem Rotwelschen. Denn in dieser Rakawele, die vor allem von Boofken und Bunken gelabert wurde und die ein bisschen mit der Masematte verwandt ist, ist die „Sonne" ein Nabbelanim.

Ömmes, es gab es in diesem Ker schon früh ein Chaumelbeis. Nabbelschoren und Schechtanims in kotener Kowe wippten mit dem Körning, um den Seegers das Lowi ausse Tasche zu holen. Die Luden scherbelten mit ihren Keilofs über die Strehle. Und die Leute, die hier wohnten, waren meist Malocher, die nicht viel Lowi inne Patte hatten. Kurzum: Es war eine eher schofele Bendine.

Heute kannze davon aber nichts mehr muckern, an der Sonnenstraße scheint wieder der Lorenz ...

Sonnenstraße: *Die Sonnenstraße und ihre Umgebung gehörten zu den vier münsterischen Stadtvierteln, in denen früher die Masematte zu Hause war. Ihr Name geht vermutlich auf das rotwelsche Wort für Prostituierte („Sonne") zurück, zumal sich hier früher ein Bordell befand. Heute ist die Sonnenstraße eine eher ruhige Wohnstraße in der Nähe der Promenade.*

Theater

Figine mit vielen Funzeln

Da war Münster mal hamel mutig: Als die Stadt nach dem Krieg ein neues Beis für Figinenköster und Kulissenschieber bauen wollte, hat sie zwar erst lange palavert, wie es ausroinen sollte – hatte dann aber keine Muffe, die Maloche vier jungen Beis-Mänglowierern zu überlassen. Und die hatten was hamel Jovles ausbaldowert: Kein Nobel-Beis, sondern was ganz Modernes. Als das Backs 1956 eröffnet wurde, knispelte alle Welt baff nach Münster: Und ein berühmter Beis-Mänglowierer aus Amerika schmuste das Beis einen „befreienden Donnerschlag" der Theater-Architektur.

Wennze heute ins Theater schemmst, kneisterte erst mal nach oben: Die ganze Decke hängt voller Funzeln – weil die Beis-Mänglowierer das technische Gedöns dahinter versteckt haben. Oft kannze dibbern, wie Seegers oder Kalinen versuchen, die Funzeln zu zählen, oder zumindest die, die gerade kapores sind – aber ist laulone mit Zählen, da wirste tacko kolone.

Vor dem Figinen-Beis hängt ein Kunstwerk, das sich „Raum-Zeit-Plastik" schmust: eine Schleife aus Metallrohren, die ein Plastikmacker namens Norbert Kricke mänglowiert hat. Aber viele haben damals gar nicht gerafft, dass das Kunst am Beis sein sollte. Die dachten, dass ein Löti da ein paar Rohre oder Kabel vergessen hätte …

Theater*: Das Stadttheater, entworfen von vier jungen münsterischen Architekten, war 1956 der erste Theater-Neubau nach dem Krieg. Und er erregte weltweit Aufsehen: Der Erbauer des UNO-Gebäudes, der New Yorker Architekt Wallace K. Harrison, lobte es als „befreienden Donnerschlag" in der Theater-Architektur.*

Der oberste Malocher der Stadt

Der oberste Malocher der Stadt ist in Münster nicht etwa der Seeger, der sich Oberbürgermeister schmust. Sondern das ist der Türmer. Denn der OB hat seine Malocherkabache im Stadtbeis in der zweiten Etage – und der Türmer oben auf dem Turm der Lamberti-Tiftel. Deshalb haben die Türmer auch immer mal gerne gestrunzt: „Der OB malocht unter mir."

Früher hat der Türmer gekneistert, ob irgendwo der Jack lodert oder ob irgendwelche Boofken und Bunken die Stadt überfallen wollen. Heute muss der Türmer vor allem blasen – abends alle halbe Stunde mit einer Kupfer-Tröte. Wennze das mal muckern willst, musste ganz schön mucker sein. Am besten, man schemmt abends mal inne Salzstrehle oder aufn Prinzipalmarkt und stellt die Lauscher auf.

Früher hatte der Türmer da oben nur eine kotene Kabache, in der es schofel ausrointe. Deshalb wollte ein Türmer mal ein Sofa bicken. Also ist er in einen Laden geschemmt und hat gefragt, ob die ihm das Sofa ins Beis bringen. Auch wenn sein Kabuff etwas höher liegt? Klar, haben die rakawelt. Und am anderen Tag standen die Seegers mit dem Sofa am Fuß der Treppe mit 298 Stufen. Da hatten die aber das Pani inne Döppen stehen – und hamel Maloche, bis sie das Ding endlich, leicht vermackelt, oben hatten.

Was der Türmer außer tröten sonst noch so macht? Keine Zerche. Die Türmer haben immer mal wieder rakawelt, dass sie viel lesen und denken. Aber es muss wohl auch Seegers gegeben haben, die da oben noch was anderes makeimt haben. Denn zumindest einmal hat die Stadt den Türmern offiziell verkasematuckelt, sie sollten gefälligst das Schickern lassen. Und auch keine Kalinen mit auf den Turm nehmen …

Sowas kann heute nicht mehr passieren. Denn vor einigen Jennikes hat die Stadt ein Anim auf die Tiftel geschickt. Münster hat jetzt eine Türmerin.

Türmer(in): Münster zählt zu den ganz wenigen Städten, die noch einen Türmer beschäftigen – besser gesagt: eine Türmerin. Denn seit Anfang 2014 ist die Stelle erstmals in ihrer jahrhundertelangen Geschichte mit einer Frau besetzt. Sie versieht ihren Dienst auf dem Turm der St.-Lamberti-Kirche, wo sich am Ende einer 298 Stufen langen Treppe die Türmerstube befindet. Hauptaufgabe der Türmerin: Sie hält Feuerwache und bläst allabendlich (außer dienstags) von 21 bis 24 Uhr halbstündlich ins Kupfer-Horn.

Die Türmerin auf der Lamberti-Tiftel.

Zoo

Vom Keilof-Rennen zur Elefanten-Plümpse

Münster hat auch einen Zoo – wo Tiere rumteilachen, die man sonst hier in der Bendine nicht zu dibbern kriegt. Er liegt am Ende des Aasees und schmust sich Allwetterzoo, denn die wichtigsten Kabachen sind mit überdachten Gängen verbunden, so dass man auch bei Maimel durch den Zoo schemmen kann.

Seit 1875 gibt es in Münster einen Zoo. Aber der lag damals am anderen Ende des Aasees, da wo heute das Beis der LBS steht – also fast mitten in der Stadt. Professor Hermann Landois hat ihn makeimt. Der war nicht nur Natur-Ausbaldowerer, sondern auch Gallach – und überhaupt ein joveler Nerbeloköster. Um die Penunzen für den Zoo zusammenzukratzen, hat er viele Schnapsideen ausbaldowert, er veranstaltete unter anderem Bärentatzen-Frengeln, Keilof-Rennen und Theater-Aufführungen.

Landois hat wohl auch gerne einen geschnasselt. Und in der Tuckesburg, einem nerbelo Beis, das er selbst für sich makeimt hat, hat er öfter – kein Jontef! – mit dem Affen Lehmann gemeinsam eine Lowine geschickert.

Schon zu Lebzeiten hat er sich ein Denkmal gesetzt. Mit einem Nistkasten im Schero. Denn Landois hat rakawelt, er habe sein ganzes Leben lang einen Vogel im Schero gehabt, darum sollten sich die Vögel auch auf sein Denkmal setzen. Und auf dem Sockel stand: Wer's von vorn nicht tofte findet, soll sich's von hinten bedibbern – wo die Vogelschonte über den Kaftan kleckerte.

Fast 100 Jahre später – im Mai 1974 – wurde der Allwetterzoo eröffnet. Mittlerweile hat er auch schon fast 50 Jennikes auf dem Buckel – und sich seit der Eröffnung hamel verändert. Noch ziemlich neu ist der Elefantenpark, die große Bendine für die grauen Kaventsmänner. Der Zoo hat hamel viel Knete in die Feme genommen, damit die Elefanten jetzt mehr Platz haben – und auch ein Pani zum Plümpsen.

Allwetterzoo: Seit 1875 gibt es in Münster einen Zoo – seinerzeit gegründet von Professor Hermann Landois, der nicht nur Naturwissenschaftler und Theologe war, sondern auch ein Original. Der heutige Allwetterzoo wurde im Mai 1974 eröffnet.

Glossar

Von abmeiern bis Zossen

Die Masematte hat nur einen überschaubaren Wortschatz. Wer Geschichten erzählen will, gerät da schnell an seine Grenzen. Deshalb enthält dieses Glossar auch zahlreiche (meist zusammengesetzte) Wörter, die in den letzten Jahrzehnten neu „erfunden" wurden. Darunter auch einige, die in diesem Buch vermutlich erstmals verwendet werden – wie zum Beispiel „Luft-Wuddi" (Flugzeug) oder „Bickbeis" (Kaufhaus).

A
abmeiern . . . . sterben, untergehen
Achile . . . . Essen
achilen . . . . essen
ambach . . . . los, hier, da, dabei
Anim . . . . Frau, Mädchen
Asse . . . . Ball
Asse-Makeimer . . . . Fußballspieler
Ausbaldowerer . . . . Forscher
Ausbaldowerie . . . . . . Erkundung, Forschung, Wissenschaft
ausbaldowern . . . . erkunden, erforschen, erfinden
ausklamüsern . . . . ausdenken, herausfinden
ausroinen . . . . aussehen

B
Backs . . . . Haus, Gebäude

baff	erstaunt, überrascht
Balachesen	Geld
Balachesen-Beis	Geldhaus, Bank
Bambonum	Ärger, Streit
Baschlo	Hahn
bechern	trinken
beschen	gehen, laufen, fahren
Beis	Haus
Beis-Mänglowierer	Architekt
Beheime	Vieh
Bendine	Gegend
beschollen	bezahlen
bewirchen	bekommen, erhalten
Bezinnum	Wurst
bicken	kaufen, einkaufen
Bickbeis	Kaufhaus
Bickstrehle	Einkaufsstraße
Böhm	Zigarre
Boofke	Ganove
böschen	gehen, laufen, fahren
Brassel	Ärger
Bunke	Ganove

C

Chalobeis	Bauernhaus
Chamine	Wärme, Hitze
chamm	warm, heiß
chappen	fangen, festnehmen
Chaumelbeis	Bordell

D

dellen	schlagen, prügeln
dibbern	sehen, gucken
Döppen	Augen

F

Feme	Hand
Feme-Malocher	Handwerker
Figine	Angeberei, Täuschung
Figinenköster	Angeber, Schauspieler, Künstler
Finete	Fenster
Fineten-Schapp	Glasschrank, Vitrine
Finne	Flasche
Fiole	Angeberei, Täuschung
Firche	Bett
Flattermann	Hähnchen
flemmen	Fußball spielen
Fleppe	Papier, Führerschein, Zeitung, Buch
Fluppe	Zigarette
frengeln	essen
Funzel	Licht, Lampe, Laterne

G

Gallach	Priester, Geistlicher
gasseln	heiraten

H

Hacho	Bauer, Landwirt
hamel	viel, sehr, groß
Hegel	Mann
hegen	haben, besitzen
Heiermann	Fünfmarkstück
hügen	schnorren

J

Jack	Feuer, Brand
jackes	teuer
Jarikes	Eier
Jennikes	Jahre

Jontef	Spaß, Scherz
jovel	gut, schön
juckeln	fahren

K

Kabache	Hütte, altes Haus
Kabuff	Raum, Zimmer, Stall
Kachelin	Huhn
Kaff	Dorf, Siedlung
Kaffer	Bauer, Landwirt
Kaftan	Anzug, Mantel, Bekleidung
Kaline	Frau
kapores	kaputt, tot
Karo	Brot, Butterbrot
Karo-Makeimer	Bäcker
Kaschemme	Kneipe, Gaststätte, Wirtschaft
Katzow	Fleischer, Metzger
Kaventsmann	Riese, Brocken
Keilof	Hund
Ker	Haus, Gegend, Stadtviertel
kindigen	kaufen
Knäbbel	Bauer, Landwirt
Knäbbelbeis	Bauernhaus
Knäbbeltrine	Bäuerin, Magd
Kneis	Bauer, Landwirt
kneistern	sehen, gucken, betrachten
Kneister-Beis	Kino
Kneisterer	Zuschauer
Knete	Geld
Knetemann	Fahrrad
Kniest	Ärger, Streit
Knirfte	Brot, Butterbrot
knispeln	sehen, gucken
Körning	Busen

kolone	verrückt, durcheinander
koten	klein
Koten	Kind
Kotenbeis	Kindergarten
Kotenbeis	Kinderhaus (Stadtteil von Münster)
Kowe	Kleidung
Kower	Kellner, Wirt
kurant	hübsch, gut aussehend

L

labern	reden, erzählen
Lapane	Schüppe
Lapanenmalocher	Bauarbeiter
Lauscher	Ohr
laulone	nichts
Leeze	Fahrrad
Löti	Klempner
Lorenz	Sonne
Lowi	Geld
Lowine	Bier
Lowinerie	Brauerei
Lude	Zuhälter
Luftwuddi	Flugzeug

M

machulle	tot, kaputt
machullen	verletzen, töten
Macke	Stück
Macker	Mann, Kerl
makeimen	machen, arbeiten, schlagen
Mänglowation	Verwaltung
mänglowieren	machen, einfädeln, umgehen, organisieren
Mänglowiererei	Werk, Machwerk
Mänglowierung	Planung

Maimel	Regen
Maimelbremse	Regenschirm
maimeln	regnen, pinkeln
Malessen	Ärger, Problem
Maloche	Arbeit
malochen	arbeiten
Masematte	Handel, Geschäft
Masemattenfreier	Händler, Gewerbetreibender
Masemattenfreier	Masematte-Sprecher
Masmimen	Schuhe
Massel	Glück
Masselfreier	Glückspilz
Matrele	Kartoffel
Mauken	Füße
meschugge	verrückt
miefen	riechen, stinken
Miefquirl	Ventilator
miegen	pinkeln, regnen
Mischpoke	Verwandtschaft, Sippe, Gesellschaft
Mispel	Polizei
Moneten	Geld
Moos	Geld
More	Angst, Sorge
mucker	klug, schlau, aufmerksam
muckern	merken, bemerken
Muffe	Angst, Sorge
muffen	riechen, stinken
Muffen	Holländer
Muffensausen	Angst, Sorge
mulo	tot, kaputt

N

Nabbelanim	Prostituierte
Nabbelschore	Prostituierte

nerbelo . . . . verrückt
Nerbelofreier . . . . Spinner, Verrückter

O

Obergallach. . . . . Bischof, Papst
Obermacker . . . . Leiter, Chef
Obermann. . . . . Hut
Öle . . . . Kanal
ömmes. . . . . jawoll, fürwahr, tatsächlich
Osnik. . . . . Uhr

P

päsen . . . . laufen, rennen, fahren
Palaver. . . . . Gerede, Diskussion
Pani . . . . Wasser, Tränen
Patte. . . . . Tasche, Portemonnaie
Penunzen . . . . Geld
picheln. . . . . trinken
Pillen-Makeimer. . . . . Apotheker
Pilo . . . . Schnaps
Pinte . . . . Kneipe, Wirtschaft, Gaststätte
Plastikmacker . . . . Bildhauer
Plempe. . . . . Säbel, Schwert
plete. . . . . weg, fort, verschwunden
Plinte . . . . Hose
Plotte . . . . Messer
Plümpse. . . . . Badeanstalt
Ponum. . . . . Gesicht
poofen . . . . schlafen
Pore . . . . Kuh
Pünte . . . . Boot, Schiff
Püster. . . . . Gewehr

Q
quarzen .... rauchen

R
Rakawele .... Sprache
rakawelen .... sprechen, reden
Reibach .... Gewinn, Verdienst
Rochus .... Zorn, Wut
Roof .... Hunger
roinen .... sehen, gucken

S
schallern .... singen
schanägeln .... arbeiten
Schanele .... Pfeife
Schapp .... Schrank
Scharett .... Bahnhof
Schassor .... Schwein
Schassörken .... Schweinchen
Schauter .... Mann, Kerl
schechten .... schlachten
Schechtanim .... Prostituierte
scheften .... gehen, fahren
schemmen .... gehen, laufen
scherbeln .... gehen, laufen
Schero .... Kopf
schickern .... trinken, saufen
Schickermann .... Trinker, Betrunkener
Schickse .... Frau
Schmarrer .... Arzt
schmergeln .... lächeln, lachen
Schmiege .... Gesicht
schmusen .... nennen, reden, sprechen, zeigen
schnabulieren .... essen

schnasseln	trinken
Schock	Jahrmarkt, Markt
schofel	schlecht, übel
Schokelamai	Kaffee
Schont	Toilette
Schonte	Scheiße
Schontebeis	Scheißhaus, Toilette
schoren	klauen, stehlen
Schorbruder	Dieb
Schotter	Geld
schucken	zahlen, bezahlen
schucker	schön, schick
schumm	dick, groß, füllig
schwofen	tanzen
Seeger	Mann, Kerl
Sore	Ware
spachteln	essen
Speismakeimer	Bauarbeiter, Maurer
Stadtfleppe	Stadtplan
Sticken	Streichholz
stikum	heimlich
Stoof	Ärger, Streit
Strehle	Straße
strunzen	angeben, aufschneiden
Stuss	Quatsch, Unsinn
Stussmann	Spinner, Trottel

T

tacko	schnell
Tackoachilkabache	Schnellimbissstube
Tacko-Strehle	Autobahn
Techtelmechtel	Flirt, Verhältnis
Teewinde	Krankenhaus
teilachen	gehen, laufen

Tiftel	Kirche
Tinnef	Quatsch, Blödsinn, wertloses Zeug
tippeln	gehen
tofte	gut, schön, prima
Trallafitti	Spektakel
Tralli	Zug, Bahn
Trampeljöner	Fahrrad
Transpanimurmelbeis	Überwasserkirche

V

verkasematuckeln	erklären, erläutern
verkimmeln	verlieren
verknickern	erzählen, erläutern, erklären
vermackeln	schlagen, beschädigen
vermasseln	verderben
verscherbeln	verkaufen

W

Wuddi	Wagen
Wuddi-Beis	Parkhaus

Z

Zerche	Ahnung, Wissen
Zichte	Zigarette
Zinken	Nase
Zoff	Streit, Ärger
Zomen	Bein, Fuß
Zossen	Pferd